HÄDECKE

HEIMO AGA
NICOLE SCHMIDT

TEIGTASCHEN

EINE REISE ZU DEN BESTEN REZEPTEN DER WELT
DIM SUM, SAMOSA, MANTI, RAVIOLI, MAULTASCHEN & CO.

Teigtaschen

VIELE FRAGEN, VIELE ANTWORTEN – UND JEDE MENGE GENUSS

Dim Sum, Mandu und Samosas; Kasnudeln, Maultaschen und Manti, Tortellini, Pelmeni und Pierogi: In fast jeder Landesküche haben gefüllte Teigtaschen Tradition – von Stuttgart bis Hongkong, von Castelfranco Emilia bis Seoul, von Krakau und Samarkand bis Oberdrauburg, Istanbul und Kathmandu. Und fast überall gibt es eine Legende, die den Ursprung dieses Nationalgerichts erklärt.

Aber woher kommen die Teigtaschen ursprünglich? Wer hat sie erfunden? Wer hatte zuerst die Idee, aus zerkleinertem Getreide und Wasser einen Teig zu kneten, ihn auf heißen Steinen zu backen oder darin Fleisch, Käse oder Gemüse einzuhüllen? Die Alten Römer oder doch die Chinesen? Die Griechen oder die Araber? Die Mongolen oder die Etrusker?

Man kann die Suche nach dem Ursprung der Teigtaschen als Henne-Ei-Diskussion anlegen, als historische Spurensuche, ernährungswissenschaftliche Doktorarbeit – oder auch als Sammlung wunderhübscher Legenden, die von Prinzen und Meerjungfrauen, prächtigen Göttinnen, schlauen Mönchen und frechen Wirten handeln.

Sicher ist nur: Die Entstehungsgeschichte der Teigtaschen wirft mehr Fragen auf, als noch so genaue historische Recherchen je beantworten können.

Natürlich die Italiener! Natürlich die Chinesen! – Jeder glaubt zu wissen, wer an der Wiege stand, und für die meisten Theorien finden sich die entsprechenden historischen »Belege«.

Wäre die Herkunft der Teigtaschen ein Kriminalfall, mit dessen Aufklärung man ein halbes Dutzend findiger Detektive beauftragt, am Ende gäbe es sechs verschiedene, mit »wasserdichten« Indizien gespickte Lösungen – jede für sich von zwingender Logik. Wie in dem Filmklassiker »Rashomon« des japanischen Regiemeisters Akira Kurosawa, in dem sich ein und dasselbe Ereignis aus dem Blickwinkel unterschiedlicher Personen jeweils komplett anders darstellt.

Der Wahrheit am nächsten könnte man mit einem geografisch-physikalischen Ansatz kommen: Italien und China als eine Art kommunizierende Gefäße kulinarischer Ideen, die entlang der legendären Seidenstraße die Samen für die vielfältige regionale Teigtaschenkultur verstreuten.

Oder, romantischer ausgedrückt: Etrusker und Chinesen als kongeniales Paar, beeinflusst von Mongolen, Arabern und Marco Polo als erfindungsreiche Kuppler.

Aber eigentlich ist es ohnehin spannender, den Weg als das Ziel zu betrachten und die Spurensuche zum Ursprung von Dim Sum, Maultasche, Ravioli und Schlutzkrapfen vor allem zu genießen.

Dieses Buch nimmt Sie mit zu den Wurzeln der Teigtaschen und stellt die zahlreichen Mitglieder dieser weltweiten Familie vor – samt Entstehungslegenden, Tipps und Rezepten.

Genießen Sie diese kulinarische Entdeckungsreise, lassen Sie sich inspirieren – und vielleicht haben Sie am Ende ja Lust, selbst zu experimentieren. Teig verträgt sich auch mit ungewöhnlichen Ideen aus der Fusion-Küche: Italienische Gyoza mit geschmolzenen Tomaten und Parmesan? Maultaschen auf russisch mit Schmand und etwas Essig? Kärntner Nudeln mit japanischem Dip oder indische Samosas mit polnischer Früchte-Quark-Füllung? Teig ist geduldig.

Guten Appetit und viel Vergnügen!

Einleitung

DIE ANTIKEN ANFÄNGE

Bereits vor rund 3500 Jahren war in China die Zubereitung von Teig aus Getreidemehl bekannt. Speisen auf Weizenbasis nannte man *Bing*. Anfang des zweiten Jahrhunderts n. Chr. findet sich der Hinweis auf »Weizenmehltörtchen«, eine noble Speise, die erst 100 Jahre später zu einem Alltagsgericht wurde, berichten der Gastrohistoriker Silvano Serventi und die Sinologin Françoise Sabban[1] und zitieren den Schriftsteller Shu Xi, der in seiner »Ode an Bing« von einer Speise namens *Laowan* schwärmte: Schweinerippchen, Lamm, Fett, Ingwer, Zwiebel, Zimt und Pfeffer, eingehüllt in einen Mehlteig. Shu Xi: »Kaum werden sie gebracht, sind die Teller auch schon leergegessen.«

In Europa stammt das älteste Zeugnis für die Zubereitung von Teig aus Mehl und Wasser aus dem 4. Jahrhundert v. Chr.: In einem etruskischen Grab nahe Cerveteri nordwestlich von Rom fanden sich Wanddarstellungen von Nudelbrett, Rollholz, Mehlsäckchen und einer Art Teigroller. Die Etrusker kannten Dinkel und Hirse, buken Fladenbrote und Pfannkuchen aus Mehl-Eier-Teig; für ihre überaus elaborierten Gerichte importierten sie Gewürze wie Zimt oder Sesam aus dem Orient.

Die Römer pflegten ebenfalls einen regen Warenaustausch – über die Handelswege der Seidenstraße versorgten sie sich mit exotischen Gewürzen und kostbaren Stoffen aus China. Ähnlich wie die Etrusker bereiteten sie Mehlteige zu, die sie auf glühenden Steinen oder im Ofen buken – eine Art Brotfladen namens *Lagana*, den sowohl Horaz als auch Cicero im ersten vorchristlichen Jahrhundert erwähnten.

Sosehr die Namen einander ähneln: Ob die chinesischen *Laowan* als *Lagana* bei den alten Römern ankamen oder sich die Teigkultur der beiden Völker unabhängig voneinander entwickelte, lässt sich nicht hundertprozentig klären. Aber vielleicht ist es einfach so, wie die Gourmetjournalistin Roberta Schira in ihrem Buch über Teigtaschen[2] vermutet: »Die Herstellung von Teig aus Wasser und Mehl führt zurück an die Ursprünge der menschlichen Ernährung« – und das praktisch weltweit. Dass Italien darüber hinaus »einen besonderen Status in der Pasta-Kultur hat«, wie Schira nicht ohne Stolz anmerkt, tut hier noch nichts zur Sache.

Apropos Pasta-Kultur: Im vermutlich ältesten Kochbuch aus der römischen Antike, der dem Gourmet Apicius zugeschriebenen Rezeptsammlung »De re coquinaria«, findet sich eine mit Fleisch gefüllte, im Ofen zubereitete Art »Torte« aus Lagana-Schichten. Es dauerte allerdings bis zum 14. Jahrhundert, bis daraus Törtchen (Tortelli), gefüllte Teigtaschen in mundgerechter Größe, wurden.

Lange Zeit kannte man nur zwei Garmethoden: Die aus Wasser und Mehl hergestellten Brotfladen der alten Römer und die sehr ähnlichen *Laganoz* der Griechen wurden »trocken« gegart, auf heißen Steinen oder in Öfen; parallel dazu kochte man Breie aus Mehl und Wasser. Noch war niemand auf die Idee gekommen, die beiden Zubereitungsarten zu kombinieren, sozusagen Brotteigfladen in Wasser zu kochen.

1 »Pasta: The Story of a Universal Food«, Columbia University Press, 2003

2 »La pasta fresca e ripiena«, Ponte alle Grazie, 2009

EIN KURZER EXKURS: PASTA FRESCA UND PASTA SECCA

Kein Land hat aus der jahrtausendealten simplen Ausgangsbasis »gemahlenes Getreide und Wasser« eine solche Vielfalt entwickelt wie Italien, wo Teigwaren das nationale Herzstück der kulinarischen Identität bilden. Generell unterscheidet man hier zwischen *pasta secca*, meist ohne Ei hergestellten »trockenen« Teigwaren aus Hartweizenmehl oder -grieß wie etwa Spaghetti, Penne oder Maccheroni, und *pasta fresca*, mit Weichweizenmehl und Eiern hergestellten Teigwaren, die frisch zubereitet und gegessen werden.[3] Zu *pasta fresca*, der älteren der beiden Gattungen, zählen auch die berühmten Teigtaschen wie *Ravioli*, *Tortellini*, *Panzerotti* und wie sie alle heißen.

Der italienische Süden ist Pasta-secca-Land, in Nord- und Mittelitalien – in Ligurien, im Piemont und besonders in der Emilia Romagna – sind die Teigtaschen, ist die *pasta ripiena*, die gefüllte Pasta, zu Hause.

Viele Gastroexperten halten es für keinen Zufall, dass die Teigtaschenregionen geografisch großteils mit dem ehemals etruskischen Herrschaftsgebiet identisch sind: Die Tradition der *pasta ripiena* könnte daher unter anderem im reichen kulinarischen Erbe der Etrusker wurzeln.

In China, dem anderen Mutterland der Pasta-Gerichte, kannte man keinen Hartweizen und somit auch keine getrockneten Nudeln. Dafür entwickelte die Landesküche eine große Meisterschaft und Vielfalt in der Zubereitung von Weichweizenteig.

3 Seit ein Veroneser Nudelmacher namens Giovanni Rana die Idee hatte, fertige Teigtaschen aromasicher zu konservieren, indem er sie auf einem kleinen Tablett vakuumierte, kann man *pasta fresca* auch auf Vorrat kaufen. Generell wird sie aber frisch zubereitet.

DIE ARABISCHE TANGENTE

Im Jahr 1154 erwähnte der Geograf Al-Idrisi getrocknete, »fadenförmige Teigwaren« namens *itriyah*, die nahe der sizilianischen Stadt Palermo hergestellt und zum Verzehr in Wasser gekocht wurden. Der Quellenlage zufolge erscheint es plausibel, dass die Bewohner Siziliens die *pasta secca* durch die arabischen Eroberer kennenlernten, die ab dem 8. und 9. Jahrhundert auf die Mittelmeerinsel kamen. Diese Meinung teilt Luigi Ballerini, Gastrohistoriker an der University of California: »Sizilianische Araber nahe Palermo haben ein Verfahren entdeckt, Teigwaren ganz durchzutrocknen. Darum war Sizilien schon lange vor Marco Polos Geburt im Jahre 1254 das Pasta-Zentrum Europas«, erklärte Ballerini im April 2005 in einem »Spiegel«-Interview.

In mittelalterlichen Texten finden sich sowohl die Begriffe *Lasagna* als auch *Tria* (abgeleitet von *itriyah*). Gastrohistoriker wie Serventi & Sabban oder die Teigtaschenexpertin Roberta Schira stimmen überein, dass *Lasagna*, also die »frischen« Teigblätter und somit die Teigtaschen, in direkter Linie von den *Lagana* der Römer – wenn nicht schon von den Etruskern – stammen, während die getrockneten Teig»schnüre« *(Tria)* ihren Ursprung in der arabischen Welt haben. Und dass das Zusammentreffen dieser beiden Teigkulturen auf dem Gebiet des heutigen Italien der »arte bianca« (Serventi & Sabban), der »weißen Kunst« der Pastaherstellung zu Höchstform verholfen hat: »Italien ist das einzige europäische Land, das kontinuierlich seit dem Mittelalter eine Pastakultur entwickelt hat.« Im Gegensatz etwa zu Spanien, wohin die Mauren ebenfalls ihre getrockneten Teigfäden brachten. Doch auf der Iberischen Halbinsel entwickelte sich keine große Pasta-Kultur – Teigwaren werden hier oft eher wie Reis zubereitet – und außer Empanadas auch keine nennenswerte Teigtaschentradition.

MARCO POLO UND DIE MONGOLEN

Zeit, sich der bekanntesten Pasta-Legende zu widmen, wonach der Venezianer Marco Polo Italiens Nationalgericht von seinen China-Reisen mitgebracht hat – und den vielen Argumenten dagegen. Etwa der Tatsache, dass es im Mittelmeerraum bereits »einen fruchtbaren Handel mit ‚obra de pasta'« (Sabban & Serventi) gab, bevor Marco Polo in seine Heimat zurückkehrte. Auch Luigi Ballerini hält nichts von der Marco-Polo-These: »Das ist eine alberne Legende. Pasta ist eine der ältesten Speisen der Menschheit.« Als Beleg, dass es vor der Rückkehr des großen Reisenden um 1295 in Italien bereits Nudeln gab, wird oft die Hinterlassenschaft des reichen Genuesers Ponzio Bastone aus dem Jahr 1279 angeführt, zu der ein Behältnis mit *macaronis* gehörte – dokumentiert im Museo degli Spaghetti, das die Pastafabrikantenfamilie Agnesi liebevoll zusammengestellt hat. Vor einigen Jahren übersiedelte es aus dem ligurischen Dorf Pontedassio nach Rom.

Marco Polo hatte sich im Jahr 1271 als 17-Jähriger mit Vater und Onkel auf die berühmte Entdeckungsreise in den Orient und nach China gemacht und war rund eineinhalb Jahrzehnte lang für den mächtigen Herrscher (und Dschingis-Khan-Enkel) Kublai Khan in Vertrauenspositionen tätig, bevor er nach Venedig zurückkehrte.

Das auf Lebensmittelgeschichte spezialisierte US-Online-Portal thenibble.com stellt die These auf, dass Marco Polo die Idee für Reisteigwaren in seine Heimat mitgebracht haben könnte – und damit das Rezept für Teigtaschen, die in Italien dann dank Weizen und der etruskischen Küchentradition zu einem Höhenflug angesetzt hätten. Jede Menge Theorien, wenige Beweise. Interessant ist freilich, dass es entlang von Marco Polos Reiseroute praktisch in jedem Land Teigtaschen gibt, die als traditionsreiche Na-

tionalspeise gelten. Hat der Venezianer diese kulinarische Idee im Laufe seiner Reise zwischen Italien und China erfolgreich gesät, also eine Art Teigtaschen-Spur gezogen?

Wahrscheinlicher ist allerdings, dass dies bereits die Mongolen ab dem 10. Jahrhundert erledigt hatten. Als ursprünglich nomadisches Volk verfügten sie selbst zwar kaum über Getreide, unter den von ihnen eroberten Gebieten waren allerdings zahlreiche »Kornkammern« wie etwa Usbekistan. Unter ihrer Herrschaft breitete sich auch in China der Weizenanbau dank guter klimatischer Bedingungen entlang des Jangtse-Flusses aus. Gedämpfte Gerichte aus Weizenteigblättern standen daher häufiger auf dem Speiseplan.

Unter der Führung Dschingis Khans und seiner Nachfolger errichteten die Mongolen im 13. Jahrhundert das größte zusammenhängende Reich der Weltgeschichte, zwischen dem Schwarzen Meer und dem Pazifik, in dem weit über 100 Millionen Menschen lebten. Es umfasste China (Peking war von 1264 bis 1368 Hauptresidenz der Mongolen), einen Großteil des indischen Subkontinents und des heutigen Afghanistan und reichte zeitweise bis ins heutige Tschechien, Deutschland und Österreich.

Für die »mongolische Theorie« sprechen auch die vielen ähnlichen Teigtaschennamen – von *Buuds* und *Baozi* bis *Manti* und *Mandu* –, die von mongolischen Wörtern abgeleitet sind (siehe das Kapitel über die Mongolei, Seite 48). Der Name Mogul für die Herrscher Nordindiens stammt übrigens von *mughul*, dem persischen Wort für Mongole. Zwischen den im zylinderförmigen Ofen *Tandyr* gebackenen usbekischen *Somsa* und Indiens berühmten *Samosas* lässt sich die Verwandtschaft ebenso wenig verleugnen wie jene zu Tadschikistans mit Fleisch gefüllten Teigtaschen *Sambusa*. Der *Tandyr* heißt in Indien *Tandoor*, *Samosas* werden allerdings meist frittiert und nicht gebacken.

ZWISCHEN NOBEL UND BÄUERLICH

Ravioli sind die erste gefüllte Pasta, die in Europa dokumentiert ist. Sie verbreiteten sich zwischen dem 12. und 14. Jahrhundert unter den verschiedensten Namen und Formen in Nord- und Mittelitalien, bis zum 15. Jahrhundert identifizierte man mit dem Namen *Raviolo* oder *Tortello* aber nicht unbedingt ein bestimmtes Gericht: Es konnte süß oder pikant sein, mit Fleisch oder mit Käse gefüllt, in Wasser oder in Suppe zubereitet – und vor allem mit oder auch ohne Teighülle zubereitet werden. Unter den Rezepten des Meisterkochs Martino finden sich etwa »weiße Ravioli« ohne Teig (siehe das Kapitel über Ravioli, Seite 158). In Korea gibt es übrigens ebenfalls »nackte« Teigtaschen: Eomandu, mit Fisch gefüllte, gedämpfte oder gekochte Täschchen, deren Hülle nicht aus Teig, sondern aus hauchdünn geschnittenen Fischfilets besteht.

Bis zum 16. Jahrhundert galten Speisen aus Weizenmehl – und vor allem die gefüllte Pasta – in Italien als nobel. Diese Exklusivität dokumentiert unter anderem die Tatsache, dass seinerzeit etwas heutzutage so Banales wie ein paar Kilogramm Teigwaren im Rahmen einer Erbschaft vermerkt wurden.

Die kulinarischen »Enkelkinder« der römischen Lagana und der chinesischen Laowan waren den oberen Schichten vorbehalten, die ihre Teigtaschen meist mit ebenfalls »noblen« Zutaten wie Mandeln oder Rosinen genossen. Gastrohistoriker Luigi Ballerini, der vor einigen Jahren das von Renaissancekoch Martino de Rossi verfasste »erste moderne Kochbuch der Geschichte«[4] neu herausgab, berichtet, dass der »erste Starkoch« der Geschichte seine Ravioli nicht nur »vier Vaterunser lang, also etwa fünf

4 Luigi Ballerini (Hrsg.): »The Art of Cooking. The First Modern Cookery Book«, University of California Press, 2005

Minuten« kochte, sondern sie am Ende auch noch zuckerte. Ballerini: »Das war üblich. Pasta mit Honig, Zimt, Butter und Käse galt als sehr luxuriöses Gericht.«

Doch nicht überall waren Teigtaschen ein Zeichen von Luxus. In vielen Ländern waren sie bereits beim Volk angekommen – oder immer schon dort gewesen. Die Mongolen führten sie getrocknet zu Pferd mit sich, in Russland waren besonders im Winter mit Hackfleisch gefüllte Teigtaschen ein beliebter Proviant der Kutscher auf ihren langen Reisen über Land. Der später heilig gesprochene Dominikanermönch Jacek Odrowaz soll im 13. Jahrhundert Pierogi aus Kiew ins polnische Krakau gebracht haben, um die Armen zu speisen. Und im Drautal zählte die Teigtasche namens Kärntner Nudel zur eher schlichten bäuerlichen Küche, in der die Grundprodukte der kleinen Landwirtschaften verarbeitet wurden: Getreide, Käse, Kräuter, nur selten Fleisch. Im Gegensatz zur schwäbischen Maultasche, die Ende des 18. Jahrhunderts zwar noch eine Mürbeteigspeise mit Rosinen und gestockter Milch war, seither aber ebenfalls traditionell mit Fleisch gefüllt wird, ebenso wie die Teigtaschen in den zentralasiatischen Ländern entlang der Seidenstraße oder die türkischen Manti, die kleinsten Teigtaschen der Welt.

Die Kunst, die türkischen Manti so klein wie möglich zu formen, gilt gleichzeitig als Gradmesser für das Können der Köchin – und in manchen Gegenden bis heute auch als eine Art hausfraulicher Qualitätstest. In die gleiche Kerbe schlägt der Kärntner Volksmund: Ein Mädchen, das nicht krendln – also die Teigtaschenkanten kunstvoll zu einem zopfartigen Zierrand falten könne, werde keinen Ehemann finden …

In der vielfältigen Welt der Teigtaschen gibt es zudem nicht-kulinarische Verwendungsmöglichkeiten: Den mongolischen *Khuuschuur* etwa wird heilende Wirkung nachgesagt, wenn man sie auf bestimmte Körperstellen legt; in China füllte ein Arzt einst Heilkräuter in Teigtaschen, damit seine Patienten diese leichter einnehmen konnten. Und in der Ukraine überbrückten unverheiratete Mädchen angeblich die Kochzeit der *Wareniki* mit einer Art »Liebeslotterie«: Sie schrieben die Namen potenzieller künftiger Ehemänner auf kleine Zettel, versteckten diese in den rohen Teigtaschen und warteten gespannt, welchen Namen jene enthielt, die als erste im Kochtopf oben schwamm.

DIM SUM + WONTON

CHINA

Täschchen, die das Herz berühren

Fastfood ist keine Erfindung des Westens. Die chinesische Küche kennt schnelle kleine Snacks seit über tausend Jahren – und in der kulinarischen Metropole Hongkong werden sie in höchster Vollendung serviert: Dim Sum, kleine gefüllte Teigtaschen.

In der engen Küche des Lin Heung Tea House im Herzen Hongkongs fertigt Dim-Sum-Meister Wong täglich ab vier Uhr morgens Teigtäschchen im Akkord. Auf der Holzarbeitsplatte steht die Füllung aus Schweinefleisch, Garnelen und Bambussprossen in einer Metallschüssel bereit, daneben ein Teigkloß aus Reismehl, von dem der Meister daumennagelgroße Stücke abreißt, die er mit einem spachtelartigen Messer zu flachen Kreisen drückt; zwischendurch streicht Wong die Klinge immer wieder über ein mit Öl getränktes Stoffstück, damit der Teig nicht kleben bleibt.

Fastfood ist keine Erfindung des Westens.

Anschließend wird jedes Teigblatt mit Füllung belegt, zusammengeklappt und – schnell wie im Zeitraffer – mit wenigen Handgriffen zu identischen Täschchen gefältelt, die jeweils zu fünft in ein mit gelochtem Backpapier ausgelegtes Bambuskörbchen wandern, in dem sie je nach Größe fünf bis zehn Minuten gedämpft werden. Tägliche Produktion: 3 000 Körbchen.

Was so mühelos aussieht, hat im ungeübten Selbstversuch seine Tücken: Der Teig klebt auf der Tischplatte und an allen zehn Fingern, nur nicht zusammen; die Füllung quillt heraus, und die Form der Teigtasche erinnert nicht an einen ordentlich gefältelten Halbmond, sondern an einen auf den Fußboden gefallenen Grießkloß. Vielleicht war ja auch das Mehl zu fein oder zu grob gemahlen, der Teig zu feucht oder die Tischplattentemperatur zu hoch ...

Der Hefeteig für die kugelförmigen, mit gehacktem, gegrilltem Schweinefleisch gefüllten Klößchen (Buns) wird im Gegensatz zum frühmorgens fabrizierten Reismehlteig bereits am Vortag hergestellt. Bei Bedarf teilt ihn der Koch in nussgroße Stücke, die mit dem Handrücken flach gedrückt, gefüllt und zu kleinen Klößen geformt werden.

Nach Qi Gong im Park geht es gemeinsam zum Dim-Sum-Frühstück im Speiselokal Choi Fook Royal Banquet in Hongkong.

Dim Sum wird vor allem in der ersten Tageshälfte verzehrt.

Meister Wong arbeitet seit über vier Jahrzehnten im Lin Heung. Die Rezepte hätten sich im Prinzip kaum verändert, erzählt er in einer kurzen Arbeitspause, in letzter Zeit werde allerdings weniger Öl verwendet, weil immer mehr Gäste gesünder und weniger fett essen wollen. Das Geheimnis perfekter Dim Sums hat er von seinem Meister gelernt. Dass er täglich um drei Uhr Früh aufstehen muss, hat ihn nie gestört. »Ich liebe meine Arbeit«, sagt er, »nur was man aus vollstem Herzen macht, gelingt wirklich.«

»Die das Herz berühren« lautet die gängigste Übersetzung für Dim Sum, es kann aber auch »mit dem Herzen« – also mit Liebe – gemacht, bedeuten. »Im Herzen berührt« sei der Legende nach jedenfalls der chinesische Kaiser gewesen, berichtet die Chronik, als man ihm erstmals kleine gefüllte Teigtaschen servierte. Der kulinarisch gelangweilte Herrscher hatte seinen Köchen mit Hinrichtung gedroht, wenn sie sich nicht täglich neue Kreationen einfallen ließen. Es war also weniger Kreativität als Verzweiflung, die einen der Köche eines Tages dazu bewog, für das zweite Frühstück des Kaisers Anleihe bei den Speisen des einfachen Volkes zu nehmen und Reste von Huhn, Fisch, Fleisch und Gemüse mit Teig zu umhüllen.

Dim Sum ist untrennbar mit dem Teetrinken verbunden.

Dim Sum ist untrennbar mit Teetrinken verbunden und der chinesische Ausdruck dafür, Yum Cha, wird oft als Synonym verwendet. Dabei wurden ursprünglich in Chinas Teehäusern überhaupt keine Speisen serviert, weil man glaubte, dass gemeinsam mit Tee genossenes Essen unverhältnismäßig dick mache. Erst als im 10. Jahrhundert ein Arzt mit dieser Mär aufräumte, begann man, kleine, in Teig gehüllte Speisen zu servieren. Der Überlieferung nach füllte ein Arzt sogar Heilkräuter in Teigtaschen, damit seine Patienten diese leichter verzehren konnten.

Das »chinesische Fastfood« war geboren und der Siegeszug der über Kanton in die ganze Welt verbreiteten Teigtaschen dauert bis heute an. Dim Sum wird vor allem zum Frühstück, Brunch oder Mittagessen verzehrt, und es gibt kaum eine Zutat, die nicht schon in Teig gehüllt, gedämpft, gebraten oder frittiert wurde: Fleisch und Innereien, Fisch und Meeresfrüchte, Gemüse, Tofu und Pilze, aber auch Austern, Gänseleber oder Froschschenkel. Genießer mischen feinst gewiegten Speck unter die traditionelle Krabbenfüllung, wickeln die Teigtaschen vor dem Garen in Algen oder mischen ein wenig Algensaft in den Teig. In süßen Variationen kommt Dim Sum ebenalls auf den Tisch, gefüllt mit Eiercreme, Nüssen, Wasserkastanien oder Bohnenpaste.

Auch die Formenvielfalt der chinesischen Teigtaschen kennt kaum Grenzen – rund und eckig, gerollt, drapiert, gefältelt. In der alten Kaiserstadt Xian, berühmt geworden durch die Terracottasoldaten-Armee, werden Dim Sum in Form von Schwalben, Hähnen, Gänsen und Blüten angeboten. Und Frau Shin Pi Mei Wang Rong, Dim-Sum-Meisterin in Hongkong, achtet akribisch darauf, dass jede ihrer Teigtaschen exakt 24 Falten hat.

Der gängigste Gruß lautet: „Hast Du schon gegessen?“

In einfachen Imbisstuben oder Teehäusern beschränkt sich die Dim-Sum-Auswahl meist auf ein halbes Dutzend »klassische« Täschchen, etwa *Har Gau* (mit Garnelen), *Siu Mai* (oben offen, mit Schweinefleisch und Garnelen gefüllt) oder *Char Siu Bao,* kleine Hefeteigklöße mit einem Kern aus gegrilltem Schweinefleisch. Dazu gibt es gebratenen Kuchen aus *Taro,* der geschmacklich zwischen Maroni und Kartoffel angesiedelten Wasserbrotwurzel, gedämpften Rübenkuchen, den Reisbrei *Congee* und die für den westlichen Gaumen gewöhnungsbedürftigen *Phoenix Claws*, gebratene, in Sojasauce, Knoblauch, Chili und Ingwer marinierte und anschließend gedämpfte Hühnerfüße.

Essen und zum Essen gehen hat in Hongkong (und in ganz China) einen besonders hohen Stellenwert. Nicht umsonst bedeutet der gängigste Gruß »chi fan le ma« übersetzt »Hast du schon gegessen?«, was ungefähr unserem europäischen »Hallo« entspricht. Auf Schritt und Tritt locken Kioske, Garküchen, Nudelshops, Teehäuser

Hier ist Fingerfertigkeit gefragt. Dim Sum im Lin Heung Teahouse.

und Restaurants. Natürlich sind hier alle Küchen der Welt vertreten, schon rein geografisch hat aber die kantonesische die Oberhand und damit Dim Sum eine besondere Tradition. Mit seinem Angebot in jeder Preisklasse geht Hongkong gut und gern als »Hauptstadt des Dim Sum« durch – von der billigen Imbisstube, in der ab sechs Uhr früh deftige Schweinefleisch-Dim-Sums serviert werden, über unzählige Restaurants, in denen man um die Mittagszeit ohne mindestens eine Stunde Wartezeit nicht einmal einen Stehplatz bekommt, bis hinauf zum Drei-Sterne-Dim-Sum-Menü – wobei hinauf im wahrsten Sinn des Wortes gemeint ist: Das edle Tin Lung Heen liegt im 102. Stock des ICC-Wolkenkratzers und gehört zum 2011 eröffneten Ritz-Carlton-Hotel. Das edle Restaurant nennt sich stolz »höchstes Dim-Sum-Lokal der Welt« und besticht nicht nur mit der atemberaubenden Aussicht, sondern auch mit einem besonders fein abgestimmten Dim-Sum-Menü.

In punkto Fingerfertigkeit besteht wenig Unterschied zwischen Herrn Wong vom Lin Heung Teahouse und dem ebenfalls auf jahrzehntelange Erfahrung zurückblickenden Dim-Sum-Meister Leung Tsang Hoi in der edelstahlblitzenden Küche des Ritz-Carlton. In blütenweißer Uniform bereitet er gerade Golden Shrimp Dumplings mit Bambussprossen und Spargel zu, eines seiner »signature dishes«: Blitzschnell streicht er ein Teigstück auf Millimeterdicke aus, legt Füllung darauf, klappt es zusammen und legt die Ränder in wie mit dem Zirkel abgemessene gleichmäßige Falten. Am Ende schneidet er den oberen Teigrand mit einer Schere gerade. Es folgt eine Sternstunde für den Gaumen, als wenige Minuten später die »goldenen« Teigtaschen auf edlem Porzellan serviert werden. Die

Dim-Sum-Meister Leung Tsang Hoi serviert im 102. Stock Dim Sum wortwörtlich auf höchstem Niveau.

Menükarte umfasst über zwei Dutzend verschiedene Dim-Sum-Sorten, von denen neben dem Golden Dumpling die von Kabeljaurogen gekrönten Gemüse-Krabben-Täschchen, die gebackenen Schweinefleischklößchen mit Mandelkruste und last but not least der »Baked abalone and roasted goose puff« zu den kulinarischen Highlights zählen. Letzterer ist eine Symphonie aus knusprigem Mürbeteig, gefüllt mit fein gewiegtem, gebratenen Gänsefleisch und Abalone, der ebenso begehrten wie teuren Meeresschnecke.

Weniger elegant, dafür umso lebhafter geht es im Choi Fook Royal Banquet in Causeway Bay zu. Der riesige Speisesaal im neunten Stock mit den floral gemusterten Spannteppichen ist, ebenso wie das volkstümlichere Lin Heung Tea House, weitgehend touristen- und langnasenfrei. Die Gruppe um die Qi-Gong-Lehrerin Hui Yuen Pik hat, wie jeden Morgen, den großen Tisch links hinten an der Fensterfront besetzt. Täglich um halb acht Uhr früh treffen sie sich im nahen Victoria Park, um zu Klängen aus dem Kofferradio bei Qi-Gong- und Tai-Chi-Übungen Kraft zu sammeln, Seele und Lunge durchzulüften. Der tägliche Morgensport ist für sie ebenso Ritual wie das anschließende Dim-Sum-Frühstück. Der Saal ist bis auf den letzten Platz gefüllt, Serviererinnen in dunkler Uniform stellen Speise um Speise auf die in der Mitte der runden Tische montierten drehbaren Glasplatten. Dazu Tee verschiedenster Sorten: Jasmin-, Schwarz- und Grüntee. Es wird geplaudert und gelacht, die Damen legen einander gegenseitig Leckerbissen in die Schale, reichen die Sojasauce im Kreis und »prosten« einander mit den Teeschalen zu.

Dim Sum gehören in Hongkong zum Alltag und zur ersten Hälfte des Tages wie der Fünf-Uhr-Tee zum traditionellen Nachmittagsritual der Briten. Man muss mit den Vergleichen ja nicht so weit gehen wie die »Welt am Sonntag«, die Dim Sum einmal »die Weißwurst Asiens« nannte, denn die werde auch vorwiegend vormittags verzehrt und sei ebenfalls außen fest und innen weich …

Dim Sum gehören in Hongkong zum Alltag wie der Fünf-Uhr-Tee.

Hongkongs abendliches Glitzermeer erlebt man am besten vom Peak aus.

Frühstück im Lin Heung Tea House

Es sind nur wenige Stufen, die von der schmalen Wellington Street im Herzen Hongkongs hinauf in das alte Lin Heung Tea House führen, doch sie beamen den Besucher in die Vergangenheit. Die Welt der glitzernden Shoppingmalls und kühnen Wolkenkratzer bleibt draußen, in dem Riesensaal mit den großen runden Tischen und den surrenden Ventilatoren, die träge an der Decke kreisen, hat sich seit den 1930er-Jahren nichts Wesentliches verändert. Hier lebt noch das alte Hongkong: Frauen in weiten Hosen und Mao-Jacken, hinter überdimensionalen Tageszeitungen verschwindende Männer. Kein Westler weit und breit. Gesprochen wird ausschließlich kantonesisch. Das Publikum ist bunt gemischt, Alt und Jung, ärmlich und gutbürgerlich Gekleidete, eine scheinbar klassenlose Vielfalt in einer Atmosphäre von liebenswert altmodischem Flair. Viele kommen täglich hierher, mit Familie, allein, um sich zu unterhalten, Tee zu trinken, Zeitung zu lesen – und vor allem um Dim Sum zu essen.

Das Lin Heung ist schon am frühen Vormittag zum Bersten voll. Angestellte mit großen Metallkannen zwängen sich zwischen hungrigen Neuankömmlingen auf der Suche nach einem freien Sessel durch den Raum, um an den einzelnen Tischen heißes Wasser für den

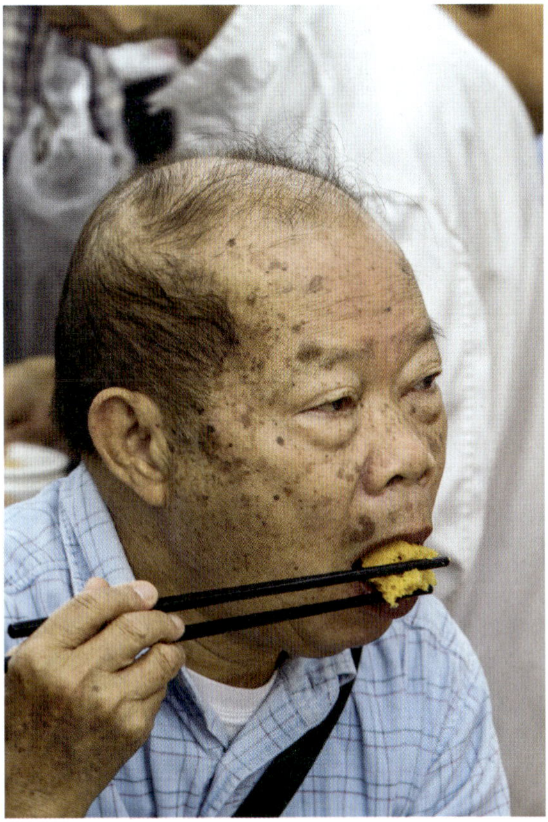

Tee nachzugießen. Trotz lautem Stimmengewirr, Geschirrgeklapper und Großkantinenatmosphäre hat das Lokal etwas Heimeliges – sofern man nicht an Klaustrophobie leidet und davon überzeugt ist, dass die Tischnachbarn ihre Stäbchen und Schalen vor dem Essen nur deshalb in einer mit etwas heißem Tee gefüllten Schüssel schwenken, um das Geschirr anzuwärmen – und nicht etwa, weil sie den Spülern in der Küche misstrauen …

Serviert wird Dim Sum hier noch nach traditioneller Art, wobei »serviert« nicht ganz das richtige Wort ist. Die Speisen in den dampfenden Bambuskörbchen werden auf Servierwagen zu schwindelerregenden Türmen aufgestapelt und durch den Gastraum gerollt: gedämpfte Teigtaschen, gefüllt mit kleingehacktem Schweinefleisch, Garnelen und Gemüse, gebratene Reisteigrollen, Hefeteigklöße mit einem Kern aus Grillfleisch.

Um die Wagen drängen sich die Hungrigen, schließlich will man nicht riskieren, dass ausgerechnet die Teigtaschen mit Schweinefleisch und Leber oder die süßen Klöße mit Lotos-Mus aus sind, bevor der Speisentrolley in die Nähe des eigenen Tisches kommt (strategisch stellt man sich am besten möglichst nahe der Küchentüre auf, durch die die vollen Wagen in den Speisesaal geschoben werden). Die Serviererinnen lassen sich nicht aus der Ruhe bringen, stoisch teilen sie die Körbchen aus, allerdings erst, nachdem sie den postkartengroßen Menüzettel des Gastes abgestempelt haben. Ohne Zettel kein Stempel und ohne Stempel kein Essen – und ohne kantonesische Sprachkenntnisse eine halbe Stunde »Lehrzeit« mit knurrendem Magen, bis man dieses Prozedere durchschaut hat.

GOLDEN SHRIMP DUMPLING

Chinesische Teigtasche mit Shrimps-Füllung

Leung Tsang Hoi, Restaurant Tin Lung Heen, Ritz-Carlton Hotel, Hongkong

FÜR 20 STÜCK

240 g Weizenmehl
240 g Kartoffelstärke
8 g Salz
12 g Chicken Powder (ersatzweise zerbröselter Hühnersuppenwürfel)
40 g Zucker
160–180 ml lauwarmes Wasser
400 g geschälte, entdarmte Shrimps
40 g grüner Spargel (ersatzweise zarter Lauch)
40 g Bambussprossen
ca. 8 EL Pflanzenöl
Sojasauce

Mehl, Kartoffelstärke, Salz, Chicken Powder und Zucker vermischen und nach und nach unter Zugabe von lauwarmem Wasser kneten, bis ein weicher, elastischer Teig entsteht. Mit Plastikfolie abgedeckt einen Tag ruhen lassen.

Shrimps, Spargel und Bambussprossen sehr fein hacken, mit Öl vermischen, salzen und nach Geschmack etwas Sojasauce untermischen.

Den Teig in 20 Stücke teilen, jeweils ein Teil in der flachen Hand (oder mit einer Teigspachtel auf einer geölten Arbeitsfläche) plattdrücken und zu einer sehr dünnen Teigrondelle auseinander ziehen, ein Zwanzigstel der Füllung darauflegen und die Teigenden rund um die Füllung zusammenziehen und oben festdrücken. In einem Dim-Sum-Körbchen ca. fünf Minuten dämpfen; das klappt auch perfekt mit einem Dünsteinsatz über einem Topf mit kochendem Wasser (den Boden des Einsatzes eventuell mit Öl, z. B. Sesamöl, einpinseln).

Je nach Geschmack mit scharfem Chili-Chutney und/oder einer Sauce aus Reisessig, Sesamöl, feinst gehacktem Chili und ein wenig braunem Zucker servieren.

TIPPS UND VARIATIONEN

Das Rezept funktioniert statt mit Shrimps auch mit 100 g klein gehacktem Schweinefleisch.

Wölkchen zum Schlucken

Die Geschichte der Wontons (oder Wan Tans) ist rund 2000 Jahre alt. Die kleinen Teigtaschen stammen ursprünglich aus dem Norden Chinas und waren als simpler Magenfüller gedacht. Traditionell werden Wontons in einer Nudelsuppe serviert. Vor rund hundert Jahren liefen in Kanton Verkäufer durch die Straßen, um Wonton-Suppen zu verkaufen. Sie klapperten mit Bambusstäbchen, um auf sich aufmerksam zu machen. Später wurden die Suppen in eigenen Läden verkauft.

Die Familie von Mak Chi-ming zog 1960 von Kanton, wo sie seit den 1920er-Jahren einen Nudelshop führte, nach Hongkong um und machte im Stadtzentrum »Mak's Wonton«-Laden auf. Inzwischen hat sie vier Shops.

Seine ersten Wontons hat Herr Mak mit drei, vier Jahren gegessen, jeden Abend, wenn sein Vater von der Arbeit im Laden heimkehrte und ihn weckte, um ihm ein wenig Wonton-Suppe zum Kosten zu geben.

»Natürlich könnte man Wontons, die ‚Wölkchen zum Schlucken', auch als kleine Dim Sum bezeichnen«, erzählt Herr Mak, »aber um ihren vollen Geschmack zu entfalten, brauchen sie Suppe.«

Punkt zwölf Uhr mittags füllt sich der kleine Laden in der Wellington Street wie auf Kommando blitzartig bis auf den letzten Platz. Dampfende Schüsseln mit Suppe, in der sich unter dünnen Nudeln die Teigtäschchen »verstecken«, werden emsig durch den Raum zu den Tischen getragen.

Wontons werden aus Weizenmehlteig hergestellt, meist sind sie halbmondförmig oder rechteckig, manchmal auch dreieckig. Man füllt sie mit purem Schweinehack oder mit einer Mischung aus Schweinefleisch und fein gehackten Shrimps; dazu kommen Knoblauch, Lauch und Lauchzwiebel, manchmal noch Pak Choi, Pilze oder Koriander.

Die »Dim Sum in der Suppe« werden als Imbiss zu jeder Tageszeit verzehrt – vom Frühstück bis zum Mitternachtssnack. Nur selten werden Wontons ohne Nudelsuppe serviert: Zum Beispiel frittiert und mit süßsaurem Dip aus Sojasauce, Chili und Reisessig serviert.

Als erstes wird die Füllung zubereitet, dann die Suppe, erst anschließend kommt der Teig an die Reihe. Jeder hat sein »geheimes«, gut gehütetes Familienrezept. Aber das größte Geheimnis, damit die Wontons gut schmecken, seien »Liebe und Hingabe bei der Zubereitung«, erklärt Mak Chi-ming (siehe Foto Seite 30).

Oben: Opfergaben im Man Mo Tempel, Hongkong

Rechts: Hongkongs Central Street Market

Unten: Drache vor dem Clock Tower, Hongkong

WONTON-SUPPE

FÜR 3–4 PORTIONEN

FÜLLUNG

1 TL geröstetes Sesamöl
1–2 EL Reiswein (ersatzweise Sherry)
1 TL Sojasauce, nach Geschmack
100 g Schweinehack
80 g rohe Garnelen ohne Darm und Schale, klein geschnitten
1 EL Kartoffelstärke
1 Lauchzwiebel oder 2–3 Stängel Schnittknoblauch, klein geschnitten
1 daumennagelgroßes Stück Ingwer, gerieben
1 Knoblauchzehe, geschält und durchgepresst oder klein geschnitten
½ Bund frischer Koriander, nach Geschmack

TEIG

130 g Weizenmehl
1 Ei
1 Eiweiß, bei Bedarf

SUPPE

750 ml Rinder-, Hühner- oder Gemüsebrühe
1 TL Sojasauce
4 Stück Pak Choi oder einige Chinakohl-Blätter, blanchiert
eine Handvoll Reisnudeln, gegart
1–2 Lauchzwiebeln, klein geschnitten
½ Bund frischer Koriander, Blättchen abgezupft, oder Schnittlauch, kleingehackt

Sesamöl, Reiswein und Sojasauce verrühren. Mit Fleisch und Garnelen vermischen. Stärke und restliche Zutaten untermengen, gut durchkneten, etwas salzen.

Für den Teig Mehl, Ei und eine Prise Salz gut verkneten, bei Bedarf ein wenig warmes Wasser einarbeiten. In ein feuchtes Tuch einschlagen, mindestens eine Stunde ruhen lassen.

Den Teig – am besten mit Hilfe einer Pastamaschine – hauchdünn (1 mm) ausrollen und in Quadrate von 6–7 cm Seitenlänge schneiden. Teigränder mit Wasser oder Eiweiß bestreichen, jedes Teigblatt mit einem kirschgroßen Stück Füllung belegen und diagonal zusammenklappen. Die Seiten des so entstandenen Dreiecks gut zusammendrücken. Wer will, klebt jeweils zwei Ecken der Wontons mit etwas Eiklar zu einer Art Tortellino zusammen. Wer lieber halbmondförmige Wontons herstellen will, sticht aus dem Teig Plätzchen aus, die gefüllt und zusammengeklappt werden.

Brühe zum Kochen bringen, mit Sojasauce abschmecken und Wontons darin fünf bis sieben Minuten köcheln lassen. Auf drei bis vier vorgewärmte Schalen Pak Choi, Reisnudeln und Lauchzwiebeln verteilen, Wontons darauf platzieren und mit Brühe auffüllen. Nach Geschmack mit Koriander oder Schnittlauchröllchen bestreuen.

TIPPS UND VARIATIONEN

Immer nur eine kleine Menge Teig verarbeiten, da er rasch trocknet. Den Rest mit einem feuchten Tuch bedecken. Alternativ auf tiefgekühlte Wonton-Teigblätter zurückgreifen. Wontons lassen sich auch drei bis vier Minuten in ausreichend Pflanzenöl knusprig-braun ausbraten. Dazu passt eine Sauce aus scharfem Senf, Pflaumen- und Sojasauce sowie Chiliöl oder eine Mischung aus Reisessig, Chili- und süßer Sojasauce.

MANDU

KOREA

Mit Knetlust und Muskelkraft zubereitet

Mandus sind eine wichtige Speise der traditionellen Landesküche Koreas. Die halbmondförmigen Teigtaschen werden meist mit Fleisch oder Gemüse gefüllt, manchmal auch mit Kimchi, der typischen milchsäurevergorenen, scharfen Gemüsespezialität der Koreaner. Die Länge der Mandus kann zwischen drei und 15 Zentimetern variieren.

Der Name dürfte aus dem mongolischen Wort *mantaih* – das bedeutet verdicken, dicker werden – entstanden sein. Die Mongolen eroberten Mitte des 13. Jahrhunderts die koreanische Halbinsel, auf der das Königreich Goryeo herrschte (von dem übrigens der Name Korea abgeleitet ist).

Mandus sind ein vielseitiges Alltagsgericht – beliebtes Streetfood, schneller Snack für Zwischendurch, und sie passen als Vorspeise ebenso wie als Hauptgericht. Man kann sie dämpfen *(Jjinmandu)* oder in Wasser kochen *(Mulmandu)*, meist werden sie aber gebraten *(Gunmandu)* oder frittiert. Dazu werden Chilisauce, mit Reisessig vermischte Sojasauce, gerösteter Sesam und *Kimchi* gereicht. Vor allem im Winter sind *Mandus* in einer guten *Manduguk* (Rindssuppe) beliebt.

Eine Suppe mit *Mandus* – und je nach Region Scheiben von Reiskuchen – ist zudem wichtiger kulinarischer Bestandteil des koreanischen Neujahrsfestes, wobei Traditionalisten die Rindssuppe durch Fasanenbrühe ersetzen.

Eine andere Teigtaschenart wird dort traditionell im Rahmen des koreanischen Erntedankfests, einem wichtigen Feiertag, ähnlich dem amerikanischen Thanksgiving, gegessen: *Songpyeons*, halbmondförmige Täschchen aus bunt gefärbtem Reismehlteig, gefüllt mit Kastanien, Bohnen, Sesam oder Kürbis, eventuell mit Zimt und Honig gewürzt. Sie werden über den Piniennadeln der Korea-Kiefer gedämpft und sollen Glück, Wohlstand und im folgenden Jahr eine gute Ernte bringen. Wer besonders schön geformte *Songpyeons* herstellt, der bekommt angeblich besonders schöne Töchter.

Auch zu Familienfesten werden *Mandus* gegessen – und oft gemeinsam zubereitet, was schon ein Teil des Festes sei, erzählt der in Seoul geborene Diplomingenieur Sun Hong Lee, der 1982 nach Wien übersiedelte und dort seit über einem Jahrzehnt den beliebten Imbiss »Mandu & Co« am Rochusmarkt betreibt: »Die Männer machen den Teig, für den man kräftige Muskeln braucht, da er anfangs sehr zäh ist. Die Frauen bereiten die Füllung zu und formen die *Mandus* und selbst die Kinder werden zur Mithilfe eingeteilt und helfen mit.« Oft ist dann die ganze Küche und die halbe Wohnung voll mit Tabletts fertiger *Mandus*. Denn wenn man sich schon einmal an die aufwendige Zubereitung macht, lohnt es sich, gleich auf Vorrat zu produzieren und einen Teil der *Mandus* einzufrieren.

Bei größeren Mengen – wie sie etwa Herr Lee benötigt – oder Mangel an Knetlust, Zeit und Muskelkraft, empfiehlt sich der Einsatz einer Teigmaschine. Ja, es gibt sogar kleine Teigtaschenmaschinen. In die füllt man Teig und Füllung in verschiedene Stutzen, wählt einen Einsatz für Größe und Form der Teigtaschen – und schon läuft die stressfreie Manduproduktion an. Alternativ wellt man, wie in früheren Zeiten, Teigstückchen mithilfe eines kleinen Rollholzes oder eines Teigspachtels flach aus, bevor man sie füllt.

Für alle, die gerne einmal *Mandus* probieren möchten, sich aber ungern mit der Zubereitung von Teig befassen oder einfach keinen Teig mögen, gibt es eine interessante Alternative (ähnlich den »nackten« Ravioli): *Eomandu*. Das sind gefüllte Täschchen, deren Hülle jedoch nicht aus Teig, sondern aus hauchdünn geschnittenen Fischfilets besteht. Sie werden mit Fisch oder Meeresfrüchten gefüllt und meist gedämpft oder gekocht.

Gogimandu (mit Fleischfüllung), Yachaemandu (mit Gemüsefüllung) oder Kimchimandu – sie alle gehören zur Küchentradition Koreas.

MANDUS MIT FLEISCHFÜLLUNG

Sun Hong Lee, *Mandu & Co* am Wiener Rochusmarkt

ERGIBT 40–50 STÜCK

TEIG
400 g Weizenmehl, Type 405
150–200 ml Sonnenblumenöl
Salz

FÜLLUNG
500 g Hackfleisch (je zur Hälfte von Rind und Schwein)
2–3 Lauchzwiebeln mit Grün
2 kleine Möhren
1 mittelgroße Zucchini
ein paar Chinakohlblätter, blanchiert
Salz
1–2 EL Sojasauce
1 Prise Zucker
1–2 TL geröstetes Sesamöl
1–2 Knoblauchzehen, geschält und fein gehackt oder gepresst
1 Stück Ingwer (ca. 2 cm), geschält und fein gerieben

DIP
2 EL Reisessig
3 EL Sojasauce
½–1 Knoblauchzehe, geschält, nach Geschmack
2–3 EL Sesamsaat, nach Geschmack
1 Lauchzwiebel, nach Geschmack
1–2 EL geröstetes Sesamöl, nach Geschmack
Chiliflocken, nach Geschmack

Zutaten zu einem homogenen Teig verkneten. In Frischhaltefolie wickeln und etwa eine Stunde ruhen lassen.

Das Gemüse putzen, waschen und möglichst fein schneiden oder raspeln. Mit dem Fleisch und den restlichen Zutaten gut vermischen, eventuell nachwürzen.

Teig in mehrere Portionen teilen und mit der Nudelmaschine 1–2 mm dünne Teigbahnen herstellen. Scheiben von 6–10 cm Durchmesser ausstechen. Alternativ den Teig zu einer Rolle formen, etwa nussgroße Stücke abschneiden und Teigscheiben von 6–10 cm Durchmesser auswellen. Ein bis zwei Teelöffel Füllung jeweils in die Mitte eines Teigblatts geben. Teig zu einem Halbmond zusammenklappen und die (vorher mit etwas lauwarmem Wasser bzw. einer Mischung aus Wasser und etwas Mehl befeuchteten) Ränder gut zusammendrücken. Eventuell mithilfe einer Gabel ein Rillenmuster auf die Ränder drücken.

Einen ausreichend großen Topf mit Salzwasser zum Kochen bringen. Die Teigtaschen behutsam hineingleiten lassen und einige Minuten kochen, bis sie aufsteigen. Oder in einem Bambuskörbchen oder einem Dünsteinsatz ca. acht Minuten dämpfen. Auch gebraten schmecken sie gut: 1–2 TL Öl in einer Bratpfanne erhitzen und die Taschen auf einer Seite scharf anbraten. Dann umdrehen, etwas Wasser oder Brühe in die Pfanne gießen und die Mandus zudeckt garen, bis die Flüssigkeit verdampft ist. Alternativ die Mandus in heißem Öl frittieren.

In der Zwischenzeit den Dip zubereiten. Reisessig und Sojasauce verrühren. Je nach Geschmack mit fein gehacktem Knoblauch, in Ringe geschnittener Lauchzwiebel, duftend geröstetem Sesam, Sesamöl oder Chilis ergänzen. Chilisauce und Kimchi passen ebenfalls gut zu Mandus.

TIPPS

Man kann den Teig auch mit ca. 150 ml lauwarmem Wasser und 1 EL Öl zubereiten. In Asialäden gibt es zudem fertige, runde weiße Mandu-Teigblätter zu kaufen.

Mandus lassen sich gut einfrieren: Nach dem Kochen in kaltem Wasser abschrecken und nebeneinander ganz abkühlen lassen. Nicht auf- oder aneinanderlegen, sonst kleben sie zusammen. Mit Backpapier als Zwischenlage in Tiefkühlbehälter mit ausreichend Abstand dazwischen schichten und einfrieren. Für die Zubereitung dann entweder tiefgefroren in heißer Suppe köcheln oder auftauen lassen und frittieren.

GYOZA

JAPAN

Entdeckt und für gut befunden

Der Name der japanischen Teigtaschen ist von den chinesischen Jiaozi abgeleitet – so wie auch das Rezept. Die halbmondförmigen Gyozas aus hauchdünnem Teig werden mit Gemüse, meist Weißkohl oder Spinat, durch den Fleischwolf gelassenem oder fein gehacktem Rind- oder – oft fettem – Schweinefleisch gefüllt, manchmal mit Garnelen. Dazu kommen je nach Rezept Nira, japanischer Schnittknoblauch, Ingwer, Sojasauce und oft Knoblauch – teilweise in erheblich größerer Menge als üblicherweise in Jiaozi. Am häufigsten besteht die Füllung aus Schweinefleisch und Weißkohl.

Gyozas werden üblicherweise in einer Pfanne angebraten und zugedeckt mit etwas Flüssigkeit fertiggedämpft. Man bekommt sie jedoch auch gegrillt – dann manchmal kebabartig auf Spieße gesteckt –, frittiert, gekocht oder nur gedämpft. Als Dip wird Sojasauce mit geröstetem dunklem Sesamöl, Reisessig und *Rayu*, dem japanischen Chiliöl, gemischt. In der Pfanne gebratene *Gyozas* werden außerdem als Beilage zu *Ramen*, der über die Landesgrenzen hinaus bekannten japanischen Nudelsuppe, serviert.

Der Gyozateig wird aus Weizenmehl zubereitet, hauchdünn ausgerollt, danach sticht man Teigscheiben aus, die gefüllt und zu Täschchen geschlossen werden. Für die Herstellung von *Gyozas* gibt es in Japan sogar eigene Formringe aus Plastik: In eine Hälfte legt man das Teigblatt, platziert die Füllung, klappt es um, presst die andere Ringhälfte darauf und fertig ist das Teigtäschchen mit faltenähnlichen Einkerbungen und perfekt versiegelten Rändern.

Es wird angenommen, dass Ende der dreißiger Jahre die japanischen Invasionstruppen in China *Jiaozi* kennenlernten und das Rezept ins fernöstliche Inselreich heimbrachten. Auch *Kare* ist solch ein kulinarischer »Importartikel«: die Japanausführung des indischen Currys.

Seit den 1940er-Jahren jedenfalls sind *Gyozas* in Japan sehr verbreitet und äußerst beliebt. Es gibt eigene Gyozalokale und sogar ein Museum – in Tokios Mega-Einkaufs- und Unterhaltungskomplex Ikebukuro Sunshine City. Hier kann man in einer dem Tokio der 1950er-Jahre nachgebauten Kulisse durch Ladengässchen schlen-

Gebraten aus der Pfanne oder im Steam Basket gedämpft – Gyozas sind im Land der aufgehenden Sonne sehr beliebt.

dern und sich der Qual der Wahl zwischen den besten Gyozaläden des Landes stellen.

Berühmt für ihre Teigtaschen ist die Stadt Utsunomiya in der Präfektur Tochigi, rund 100 km außerhalb von Tokio. Auf Schritt und Tritt locken hier Gyozalokale, insgesamt rund 200. Das Angebot ist riesig, unter Kennern zählen die dortigen *Gyozas* zu den besten Japans.

Utsunomiya ist das Gyoza-Mekka Japans.

Utsunomiya hat übrigens ein einschlägiges Monument – in Form einer Venus, die einem Gyozateigblatt entsteigt – und veranstaltet alljährlich im November ein großes Gyozafest mit Livemusik und einem Wettbewerb, wer die meisten Teigtaschen essen kann. Die halbmondförmigen Teigtaschen haben Utsunomiya jedenfalls zu einer Touristenattraktion gemacht, nicht nur im November.

GYOZA

Catharine Kiang, Restaurant Kiang, Wien

FÜR CA. 40 STÜCK (3–4 PORTIONEN)

TEIG (FÜR 1 FÜLLUNG)
300 g glattes Weizenmehl, Type 405
ca. 150 ml Wasser
neutrales Öl, z.B. Sonnenblumenöl, zum Braten

VARIANTE 1: GEMÜSEFÜLLUNG
500 g frischer Spinat, küchenfertig
5 große getrocknete Shiitake-Pilze, eingeweicht und gut ausgedrückt
2 Lauchzwiebeln mit Grün
1 Stück Ingwer (ca. 2 cm), geschält
1 Handvoll Glasnudeln, eingeweicht
150 g fester Tofu
1 EL Pflanzenöl
1 EL geröstetes Sesamöl
Salz und schwarzer Pfeffer, frisch gemahlen

VARIANTE 2: FLEISCHFÜLLUNG
150 g Weißkohl, ersatzweise Chinakohl
Salz
300 g Schweinehackfleisch
1 Stück Ingwer (ca. 4 cm), geschält
1 EL geröstetes Sesamöl
1 EL helle Sojasauce

DIP
4 EL Sojasauce
7 EL Reisessig
Chilisauce
Knoblauch, fein gehackt, nach Geschmack

Mehl und Wasser zu einem nicht zu feuchten Teig kneten, in Frischhaltefolie wickeln und ca. 30 Minuten ruhen lassen.

Entweder die Gemüse- oder die Fleischfüllung zubereiten.

Für die vegetarische Variante Spinat blanchieren, abkühlen lassen, gut ausdrücken und klein hacken. Pilze, Zwiebeln und Ingwer fein hacken, Glasnudeln klein schneiden. Tofu würfeln und in 1 EL Pflanzenöl vorsichtig anbraten, bis er duftet. Alles in einer Schüssel mit den restlichen Zutaten vermischen. Mit Salz und Pfeffer abschmecken.

Für die Fleischfüllung Weißkohl sehr fein schneiden, salzen und ein paar Minuten stehen lassen, dann gut ausdrücken. Ingwer fein hacken. Beides mit den restlichen Zutaten vermischen und bei Bedarf nachwürzen.

Die Zutaten für den Dip verrühren und beiseitestellen.

Teig nochmals durchkneten, vierteln und zu Rollen formen, die in insgesamt ca. 40 Scheiben à etwa zehn Gramm geteilt werden. Teigstücke ausrollen, bis sie einen Durchmesser von 6–8 cm und eine Dicke von 2 mm haben (in Japan wird der Teig oft noch dünner ausgewellt). Jede Teigscheibe mit Füllung belegen, Ränder vorsichtig mit etwas Wasser befeuchten, zusammenklappen und zu einem halbmondförmigen Täschchen zusammenpressen. Die Unterseite der Teigtasche bleibt flach und glatt, die Oberseite wird in Falten gelegt und fest auf die Unterseite gepresst.

Wasser in einem großen Topf zum Kochen bringen, mit dem Kochlöffel einen »Strudel« rühren und Gyoza vorsichtig hineingleiten lassen – nicht zu viele gleichzeitig, da sie sonst zusammenkleben. Sobald die Gyoza an der Wasseroberfläche schwimmen, sind sie gar.

Wer knusprige Teigtaschen vorzieht, brät sie in einer beschichteten Pfanne kräftig an, gießt dann etwas Wasser oder Suppe dazu und gart die Gyoza bei geschlossenem Deckel fertig, bis die Flüssigkeit verdampft ist. Besonders knusprig werden die Täschchen, wenn man sie nun weiterbrät, bis ihre zuvor bereits angebratene Unterseite wieder knusprig ist.

TIPPS

Die richtige Konsistenz des Teigs zu bekommen, gleicht einer Gratwanderung. Ist er zu feucht, wird er beim Kochen zu weich; ist der Teig fester – was besser schmeckt –, gestaltet sich die Verarbeitung schwieriger. Manche ziehen es vor, nur die Füllung selbst zuzubereiten und fertigen – zum Beispiel tiefgekühlten – Teig zu kaufen. Im Übrigen eignen sich auch Teigblätter für chinesische Wontons.

Sollen die Gyozas gekocht oder gedämpft werden, verwendet man für die Teigzubereitung kaltes Wasser; werden sie gebraten, nimmt man ein Viertel kaltes und Dreiviertel heißes Wasser. Übrig gebliebene Gyoza lassen sich praktisch und ohne Geschmacksverlust einfrieren.

KHUUSCHUUR + BUUDS

MONGOLEI

Teigtaschen fürs innere Gleichgewicht

In der Küche der Mongolei gibt es drei Teigtaschenarten, die sich vor allem in Größe, Form und Garungsart unterscheiden: Die großen, flachen Khuuschuur – meist halbkreisförmig, manchmal kreisrund – werden schwimmend in Fett ausgebacken; die etwas kleineren Bansh oder Bansch sehen aus wie prall gefüllte, längliche Säckchen, man kocht sie in Salzwasser oder Suppe. Buuds, auch Buuz oder Boozz geschrieben, sind runde oder viereckige gedämpfte kleine Teigtäschchen.

Gefüllt werden alle drei Arten mit Hackfleisch – vor allem vom Schaf oder Hammel, aber auch vom Yak, Rind oder Pferd. Ursprünglich wurden *Khuuschuur* in Schaffett gebraten. Für die Zubereitung dieses typisch nomadischen Essens wird manchmal *Borts* verwendet, das sind getrocknete Fleischstreifen, die man zu Pulver vermahlen aufbewahren und als Proviant mitführen kann. In kochendes Wasser gerührt, ergeben sie eine nahrhafte Suppe.

In der Mongolei werden Teigtaschen meist ohne Beilage gegessen. Ihr Teig besteht aus Mehl, Salz und Wasser, je nach Rezept und Gusto kommen Fett und/oder Eier dazu. *Buuds* gibt es auch aus Hefeteig. Die Teigränder werden sorgfältig zusammengedrückt und oft kunstvoll gefältelt oder man rillt den Rand mithilfe einer Gabel.

Wichtig ist, dass nicht nur der Teig, sondern auch die Fleischmasse gut durchgeknetet wird. In der Mongolei heißt es, man erkenne allein am Geruch, ob die Füllung fertig sei oder noch nachgewürzt werden müsse, verrät Saikhantuya Buyannasan, Vizepräsidentin der österreichisch-mongolischen Gesellschaft.

Dass die Mongolen Fleisch unter ihrem Sattel »weichgeritten« hätten, ist eine Legende, dass sie Teigtaschen mit sich führten, die vor allem im Winter als tiefgefrorener Proviant lange haltbar waren, ist eine Tatsache.

Und dass die Teigtaschennamen in vielen asiatischen Ländern an mongolische Worte angelehnt sind, zeigt einmal mehr, wie sehr die einstigen Eroberungszüge dieses Volkes nachhaltige kulinarische Spuren hinterlassen haben: *Khuuschuur* etwa nannte man früher auch *Böörög* (Kreis) oder *Haluudai*, was soviel wie »kleines heißes Ding« bedeutet. Der Name *Buuds* wiederum stammt vom mongolischen Wort *booh* für zusammendrücken,

umhüllen. In China heißen gedämpfte Teigtaschen *Baozi; Buuds* aus gedämpftem Hefeteig nennt man in der Mongolei *Mantuun Buuds*, was vom Wort *mantaih* hergeleitet ist, das verdicken, dicker werden bedeutet. Hier gibt es Namensähnlichkeiten mit den chinesischen Hefeklößen *Mantou*, den koreanischen Teigtaschen *Mandu* und den türkischen und zentralasiatischen *Manti*. In Armenien gibt es zum Beispiel Teigtaschen namens *Boraki*, in der Ukraine frittierte *Tschebureki*, das sind mit Hackfleisch gefüllte Teigtaschen.

Heiße Khuuschuur sind Nahrungs- und Heilmittel.

Khuuschuur werden in der Mongolei übrigens nicht nur gegessen, sondern von manchen traditionell als »Heilmittel« verwendet. So soll das Gericht eine gesundheitsfördernde Wirkung haben und Blutkreislauf sowie Nervenbahnen stimulieren, wenn man frische *Khuuschuur* zwischen den Handflächen wie beim Beten hält. Manche glauben auch daran, dass heiße *Khuuschuur*, auf bestimmte Körperstellen wie etwa die Fußsohlen gelegt, bei Neurosen helfen können und vor allem die innere Balance des menschlichen Körpers unterstützen.

KHUUSCHUUR

Saikhantuya Buyannasan, Vizepräsidentin der österreichisch-mongolischen Gesellschaft

FÜR CA. 4 PORTIONEN

TEIG

- 1 kg Weizenmehl, Type 405
- 2–3 Eier, Salz
- 250–300 ml handwarmes Wasser
- 2–3 EL Öl oder Butter, geschmolzen
- Öl für die Arbeitsplatte

FÜLLUNG

- 500 g Hackfleisch (von Rind, Schaf, Ziege oder Pferd)
- 1 mittelgroße Zwiebel, geschält und fein geschnitten oder gerieben
- 1 Knoblauchzehe, geschält und fein gehackt
- 1–2 EL Wasser
- 1 TL Mehl, ca. 1 TL Salz
- schwarzer Pfeffer, frisch gemahlen
- nach Geschmack:
- 1 Prise Kümmelpulver
- 1–2 TL Thymian, frisch oder getrocknet
- 1 daumengroßes Stück Ingwer, geschält und gerieben
- ½ Bund Petersilie oder Koriander, Blättchen fein gehackt
- Öl zum Braten

Mehl, Eier, Salz, Wasser und Öl oder Butter gründlich zu einem elastischen Teig verkneten. 30–40 Minuten ruhen lassen.

Fleisch mit Zwiebeln, Knoblauch, Wasser, Mehl, Salz und Gewürzen gut durchkneten. Nach Geschmack nachwürzen.

Teig nochmals durchkneten, auf einer geölten Arbeitsfläche stückchenweise zu Scheiben mit 10–13 cm Durchmesser auswellen bzw. flach drücken. Je eine Kreishälfte mit einer dünnen Schicht Fleischfüllung versehen, die andere Hälfte darüberklappen. Teigränder zusammendrücken, überlappend aneinander falten, bis eine zopfartige Verschlussnaht entsteht. Fertige Taschen eventuell mit einer Teigrolle nochmals ein wenig auswellen und in heißem Öl schwimmend ausbacken bzw. frittieren.

TIPPS UND VARIATIONEN

Der Teig trocknet schnell und ist dann schwer zu handhaben. Daher mit einem feuchten Tuch oder Frischhaltefolie abdecken, nur kleine Mengen verarbeiten. Aus Teig und Füllung lassen sich auch ***Buuds*** *herstellen: Scheiben von ca. 7 cm Durchmesser ausstechen, mit 1–2 TL Füllung belegen und zu runden Päckchen falten. Oder Quadrate ausschneiden, füllen und die Ecken in der Mitte zusammendrücken. Fünf bis zehn Minuten über kochendem Wasser im Dämpfeinsatz garen.*

MOMO

TIBET + NEPAL

Gefülltes vom Dach der Welt

Momos stammen ursprünglich aus Tibet, optisch und vom Namen her erinnern diese Teigtaschen an die chinesischen Dampfklöße namens Mantou. Angeblich sorgten Händler der Volksgruppe der Newar aus dem Kathmandu-Tal einst für die Verbreitung – heute sind Momos sowohl in Tibet als auch in Nepal, Nordindien und der gesamten Himalaya-Region ein beliebtes Alltagsgericht, das fast an jeder Straßenecke angeboten wird.

Momos können rund sein – ähnlich Klößen mit Falten –, halbmondförmig oder länglich. Ursprünglich füllte man sie mit Büffel- oder Yakfleisch, inzwischen gibt es sie noch mit Huhn, Lamm, Ziege und manchmal Schwein oder vegetarisch mit Kartoffeln, Weißkohl, Spinat, Erbsen, Tofu oder Pilzen. Oft wird für die Füllung auch *Panir* verwendet, ein ungesalzener, typischer Frischkäse der Region, der am ehesten mit einem trockenen Ricotta zu vergleichen ist. In Indien wird dieser Kuhmilchfrischkäse *Paneer* genannt. Im Kathmandu-Tal kennt man *Momos* zudem als Dessert, dann werden sie mit Frischkäse und Zucker zubereitet.

Momos kann man kochen oder braten, meist bekommt man sie aber gedämpft, in Begleitung eines chutneyähnlichen scharfen Tomaten-Dips *(Achar)* oder mit scharfer tibetischer Sauce *(Sepen)*, ebenfalls auf Tomatenbasis. Sojasauce, gemischt mit etwas Chili-Chutney, passt ebenso dazu.

Vor allem in der kalten Jahreszeit werden *Momos* oft in einer Art Tomatensuppe oder in klarer Gemüsebrühe gegart und gegessen, im Newar-Gebiet bereitet man häufig sehr kleine *Momos* zu, die mit viel Sauce oder Suppe verzehrt werden.

Während der Teig ausschließlich aus Mehl und Wasser besteht, gibt es für Füllung und Dips unzählige Varianten. Jede Familie hat ihre Tradition, die Teigtaschen zu formen, und natürlich ihr eigenes Rezept – mit oder ohne Zimt, Sesam, Kümmel, Honig, Tamarindensirup, Bockshornklee oder Zitronensaft. Praktisch immer dabei sind Zwiebeln, Lauchzwiebeln, Knoblauch und Ingwer, meistens noch Chili. Auch Sichuan-Pfeffer, der in Tibet *Emma* oder *Yerma* genannt wird, ist eine beliebte Momo-Zutat.

Vorsicht ist übrigens beim Verzehr von frisch gedämpften *Momos* geboten: Das Fleisch in der Füllung sondert beim Garvorgang einen köstlichen Saft ab – der allerdings extrem heiß ist!

MOMOS MIT LAMMFÜLLUNG FÜR 16–18 STÜCK

TEIG

400 g Mehl
180–200 ml Wasser, lauwarm erhitzt
1–2 EL Pflanzenöl, flüssiges Ghee oder Butterschmalz (zum Bestreichen der Momos)

FÜLLUNG

2 Zwiebeln
1 daumengroßes Stück Ingwer
2 Knoblauchzehen
3–5 rote Chilischoten
2–3 EL Öl, Butterschmalz oder Ghee
1–2 Lauchzwiebeln
500 g Hackfleisch vom Lamm
2 EL Koriander-Blätter, fein gehackt
je 1 Mokkalöffel gemahlener Kümmel, Sichuan-Pfeffer, schwarzer Pfeffer, Kurkuma, Koriander
Salz, evtl. 2 EL Wasser oder Brühe

SCHARFER DIP

3–4 EL Öl, Butterschmalz oder Ghee
2 Knoblauchzehen, geschält
1 nussgroßes Stück Ingwer, geschält
1 Zwiebel, geschält
1–4 scharfe Chilischoten
je ½ TL Garam Masala, Chilipulver und Kurkuma
300 g kleingeschnittene Tomaten oder Pelati aus der Dose
ca. 125 ml warmes Wasser
1 TL Sojasauce
1 ML brauner Zucker oder Honig
½ TL Reisessig
Salz, schwarzer Pfeffer
2 EL Koriander-Blätter, gehackt
1 Lauchzwiebel, gehackt

Mehl und Wasser zu einem elastischen Teig kneten, in Frischhaltefolie wickeln und mindestens 30 Minuten im Kühlschrank ruhen lassen.

Zwiebeln, Ingwer und Knoblauch schälen und klein hacken. Chilis in feine Streifen schneiden, eventuell entkernen (was die Schärfe des Gerichts etwas reduziert) und alles in heißem Öl anbraten. Abkühlen lassen und mit den klein geschnittenen Lauchzwiebeln, dem Fleisch und den übrigen Zutaten gut vermischen. Am besten mit den Händen durchkneten und bei Bedarf Wasser oder Brühe dazumischen; nach Geschmack nachwürzen.

Fett erhitzen und darin gepressten Knoblauch, geriebenen Ingwer, klein geschnittene Zwiebel und Chilis anbraten, salzen. Garam Masala, Chilipulver und Kurkuma unterrühren. Tomaten und warmes Wasser dazugeben, umrühren und 30–40 Minuten bei geringer Hitze köcheln. Mit Sojasauce, Reisessig, Salz und Pfeffer würzen und Koriander-blätter und Lauchzwiebel untermischen. Abkühlen lassen.

Teig nochmals durchkneten und halbieren. Aus jeder Hälfte eine Rolle formen und in acht bis neun Stücke schneiden. Jedes Teigstück auf ca. 2 mm ausrollen oder zwischen den Handflächen zu flachen Scheiben pressen. Man kann aber auch den Teig ausrollen und Rondelle mit ca. 9–10 cm Durchmesser ausstechen. Dann jeweils ein Teigstück in eine Handfläche legen, 1–2 TL Füllung daraufsetzen und mit Daumen und Zeigefinger eine kleine Falte in den Teig pressen. Der Daumen bleibt in der Mitte der Teigtasche, der Zeigefinger presst nach und nach Falte an Falte, bis die Tasche geschlossen ist; oberes Ende gut zusammendrücken. Alternativ kann man die Teigblätter in der Mitte zusammenklappen und die Ränder der so entstandenen halbmondförmigen Taschen fälteln. In jedem Fall die Teigränder gut festdrücken, Momo-Unterseiten mit Öl bepinseln oder den Boden des Dämpfeinsatzes einölen und die Teigtaschen ca. 10–12 Minuten dämpfen.

TIPPS

Der Teig trocknet schnell und ist dann nur schwer zu verarbeiten, daher immer gut abdecken bzw. einwickeln (in Klarsichtfolie oder in ein feuchtes Tuch). Anstatt den Boden des Dämpfeinsatzes einzufetten, kann man ihn mit Kohlblättern auslegen, auf die man die Momos zum Garen setzt.

SAMOSA

INDIEN

Das Streetfood Indiens

Die zentralasiatischen Wurzeln vieler Teigtaschen kommen auch bei den indischen Samosas zum Tragen, beherrschte doch die mongolische Dynastie der Timuriden lange Zeit unter anderem große Teile des indischen Subkontinents. Die größte Ausdehnung erreichte dieses Reich im 17. Jahrhundert. Doch selbst wenn Samosas keine ursprünglich indische Speise sind, haben sich diese Teigtaschen im Lauf der Zeit zu einem der wichtigsten Nationalgerichte des riesigen Landes entwickelt.

Der Name stammt vermutlich vom persischen Wort *Sanbosag;* davon leiten sich unter anderem die *Sambusas (Sambosas)* in Afghanistan, Tadschikistan und Teilen des Irans ab sowie die *Sanbusak* in Ägypten und vielen arabischen Ländern. Auch in Kenia, Uganda, Somalia oder Südafrika gibt es *Samosas*, teils *Samoosa* oder *Sambusa* genannt, mit Fisch oder Fleisch, Erbsen und Kartoffeln gefüllt und pikant gewürzt mit Chili, Garam Masala, Koriander und Ingwer. Oft werden sie wie in Lateinamerika mit einem Stück Zitrone serviert.

Samosas sind in Indien und Pakistan allgegenwärtig, das Streetfood schlechthin. Meist dreieckig, manchmal in der Form eines Viertelkreises, seltener auch konisch geformt. Der Teig wird mit Weizenmehl zubereitet, die Füllung frisch gekocht oder es werden Reste, etwa von Currys, verwertet. *Samosas* sind oft vegetarisch gefüllt, zum Beispiel mit Kartoffeln, Spinat, Reis oder Erbsen, dazu kommen je nach Region und Rezept Granatapfelkerne, Rosinen, Zwiebeln, Knoblauch, Ingwer und Gewürze wie Kreuzkümmel, Chili und Garam Masala. Es gibt außerdem mit Meeresfrüchten oder mit Fleisch vom Lamm oder Huhn gefüllte *Samosas*, manchmal auch süße, deren Füllung aus Nüssen oder Kokos besteht.

Die indischen Teigtaschen werden fast immer frittiert. Man isst sie mit einer scharfen Chilisauce und würzigen Chutneys auf Basis von Tamarinde, Kokos oder Minze.

Samosas passen zu jeder Tageszeit und zu jedem Anlass – als schneller Imbiss, zum Tee oder zum Bier, als Vorspeise, bei Familienfesten und Partys. Sie gehören zu Indien wie der Taj Mahal.

Teigtaschen gehören zu Indien wie der Taj Mahal.

Oben: Kinder während des Monsuns in Kerala.

Rechts: Samosas

Touristen in Jaipur, Rajasthan, posieren mit Elefanten.

Morgendliche Erfrischung vor dem Taj Mahal in Uttar Pradesh

SAMOSAS

FÜR 12 STÜCK

TEIG (FÜR 1 FÜLLUNG)

450 g Weizenmehl, Type 405, oder 250 g Weizenmehl mit 150 g Kichererbsenmehl gemischt
4–5 EL Sonnenblumenöl oder flüssiges Ghee
ca. 125 ml Wasser
1 TL Salz

VARIANTE 1: GEMÜSEFÜLLUNG

2 EL Sonnenblumenöl oder Ghee
1 Zwiebel, geschält und fein geschnitten
frischer Ingwer (ca. 2 cm), geschält und fein gerieben
1 Knoblauchzehe, geschält und klein gehackt
5 frische Curryblätter, in dünne Streifen geschnitten (oder 10 getrocknete Curryblätter)
½ TL dunkle Senfsaat
1–4 Chilischoten (je nach gewünschter Schärfe), geputzt und entkernt, in feine Ringe geschnitten
3 TL Garam Masala
je 1 TL Kreuzkümmel- und Korianderpulver
je 1 Msp Cayennepfeffer und Kurkuma
130–150 ml Wasser
350 g Kartoffeln, sehr weich gekocht, geschält und zerstampft
4 EL Erbsen, gegart
1½ TL Salz

VARIANTE 2: FLEISCHFÜLLUNG

2–3 EL Sonnenblumenöl oder Ghee
2 Zwiebeln, geschält und fein gehackt
2 Knoblauchzehen, geschält und gepresst oder fein gehackt
350 g Lammhackfleisch
2–5 Chilis, entkernt, in kleine Ringe geschnitten
1 TL Garam Masala
1 TL Ingwer, geschält und frisch gerieben
1 EL Korianderblätter, gehackt
1 TL Salz
schwarzer Pfeffer, frisch gemahlen, ersatzweise Cayennepfeffer
3 Lauchzwiebeln, in dünne Ringe geschnitten
Öl zum Frittieren

Mehl mit Öl, Wasser und Salz vermengen und gut durchkneten, bis der Teig elastisch und geschmeidig ist. In Frischhaltefolie oder ein feuchtes Tuch einwickeln und mindestens 30 Minuten ruhen lassen.

Für die Gemüsefüllung Öl in einer Bratpfanne erhitzen und die Zwiebeln darin glasig anschwitzen. Ingwer, Knoblauch, Curryblätter, Senfsaat und Chili dazugeben und einige Minuten mitbraten. Dann die restlichen Gewürze (ohne Salz) einrühren und darauf achten, dass nichts am Pfannenboden anbackt. Mit Wasser ablöschen.

Gestampfte Kartoffeln und Erbsen untermischen, salzen und einige Minuten simmern lassen. Der entstandene Brei soll sämig und nicht zu flüssig sein. In eine Schüssel umfüllen und abkühlen lassen.

Für die Fleischfüllung das Fett in einer Bratpfanne erhitzen, Zwiebeln und Knoblauch darin glasig anschwitzen. Fleisch dazugeben und anbraten, dabei gut umrühren. Restliche Zutaten bis auf die Lauchzwiebeln hinzufügen und die Masse beständig gut durchrühren, bis ein sämiger, nicht zu feuchter Brei entsteht. Lauchzwiebeln unter die Füllung mischen und abkühlen lassen.

Teig nochmals durchkneten und sechsteln. Ein Teigstück auf einer bemehlten Arbeitsfläche sehr dünn ausrollen, die restlichen Stücke mit einem feuchten Geschirrtuch bedecken. Eine Scheibe von 17–18 cm Durchmesser ausstechen und in der Mitte durchschneiden. Die Schnittstellen beider Hälften mit Wasser befeuchten, in der Mitte zusammenfalten und fest zusammenpressen. Jeden der auf diese Weise entstandenen Trichter vorsichtig füllen. Die Ränder der verbliebenen Öffnung mit Wasser befeuchten und ebenfalls gut festdrücken. Die Teigtaschen etwa 20 Minuten ruhen lassen.

Alternativ kann man den ausgerollten Teig in Quadrate von ca. 12 cm Seitenlänge schneiden, füllen, die Ränder mit Wasser befeuchten, zu Dreiecken zusammenklappen und gut festdrücken.

Öl zum Frittieren etwa drei Fingerhoch in eine Bratpfanne oder einen Wok gießen. Vorsichtig erhitzen und die Samosas bei nicht zu hoher Öltemperatur auf jeder Seite knapp drei Minuten frittieren. Alternativ eine Fritteuse verwenden. Fertige Samosas auf Küchenpapier abtropfen lassen und servieren.

Für eine fettärmere Zubereitung den Backofen auf 190 °C Ober-/Unterhitze vorheizen. Rohe Teigtaschen mit etwas Wasser oder verquirltem Ei bestreichen und auf ein mit Backpapier ausgelegtes Blech legen. Auf der mittleren Schiene 20–25 Minuten backen, bis sie eine goldgelbe Farbe angenommen haben.

TIPPS

Je nach Geschmack eine Prise Kurkuma und/oder 1 TL Essig in den Teig mischen. In die Fleischfüllung passen zudem Erbsen. Wenn es schnell gehen soll, funktioniert das Rezept für die im Backofen gegarten Samosas auch mit fertigem Blätterteig.
Samosas am besten frisch und knusprig aus dem Backofen oder der Pfanne servieren. Sie schmecken aber auch lauwarm oder kalt. Dazu passen Chutneys und eine scharfe Chilisauce.

MANTY + BORAKI

ZENTRALASIEN

Die Wanderung der Teigtaschen

Die zentralasiatischen Teigtaschen haben mongolische, türkische und usbekische Großeltern – und der Nachwuchs hat mit den Jahrhunderten landestypische Besonderheiten entwickelt: besonders groß, besonders klein, besonders fett, besonders knusprig.

Zwischen dem 8. und dem 16. Jahrhundert wurde Usbekistan von türkischen und mongolischen Herrschern regiert. Von Samarkand aus eroberte die von Tamerlan (Timur) im 14. Jahrhundert gegründete mongolische Dynastie das Gebiet des heutigen Afghanistan und einen Großteil des indischen Subkontinents. Der Name Mogul für die Herrscher Nordindiens leitet sich von *mughul*, dem persischen Wort für Mongole ab. Und es war ein Mogulherrscher, der einst in Agra das weltberühmte Taj Mahal errichten ließ – eine »Träne auf der Wange der Ewigkeit«, wie ein indischer Dichter schrieb.

Die Tataren hatten getrocknete Teigtaschen als Proviant im Gepäck.

Die durch Eroberungszüge und Warenaustausch entstandenen – auch kulinarischen – Einflüsse lassen sich anhand vieler Teigtaschennamen nachzeichnen: Zwischen den im Tandyr gebackenen usbekischen *Somsa (Samsa)* und Indiens berühmten *Samosas* ließe sich die Verwandtschaft schwerlich verleugnen (der Tandyr heißt in Indien Tandoor). Die in Tadschikistan verbreiteten, mit Fleisch gefüllten Teigtaschen heißen übrigens *Sambusa*.

Nicht gebacken, sondern in einem speziellen Topf gedämpft werden *Manty (Manti)*, die sich je nach Region vor allem in der Größe unterscheiden. In allen Küchen der Turkvölker werden sie ähnlich zubereitet, zwischen Ural und dem Fernen Osten, China und den GUS-Staaten. Die Tataren-Reiter führten Manty getrocknet und im Winter gefroren als Proviant mit sich, um sie über dem Lagerfeuer zu kochen. Darauf deutet auch der türkische Name *Tatar böreği* hin.

Manty in Usbekistan, Kasachstan oder Kirgisien sind oft so groß, dass vier Stück einen durchschnittlichen Suppenteller füllen. In Ana-

Ob Tandyr, Brotkringel oder Teppichfärber – in Usbekistan geht es immer rund.

Je kleiner die Manti, desto besser.

tolien (siehe Seite 86) und in anderen turkstämmigen Küchen wie etwa in Aserbaidschan (dort heißen sie *Dushbara* oder *Dushpara* und werden oft in Lammsuppe gekocht) wetteifert man hingegen darum, möglichst kleine *Manti* herzustellen – ein knappes Dutzend sollte auf einem Esslöffel Platz finden, dann sind sie perfekt.

Von den ehemaligen Sowjetrepubliken Usbekistan und Kasachstan breiteten sich *Manty* auch nach Russland aus, wo man sie allerdings – im Gegensatz zu den zentralasiatischen Regionen, wo gerne fettes Lamm- und Hammelfleisch verwendet wird – eher mit Rind- und Schweinefleisch und Butter statt Hammelfett zubereitet. Vor allem in Südrussland werden *Manti* gerne gegessen, es gibt allerdings keinen Wettbewerb um die kleinsten Teigtäschchen. *Manti* sind hier relativ groß, werden in einem Dampfkochtopf namens Mantowarka, auch Mantniza, gegart und so wie georgische *Khinkali* ohne Besteck gegessen, da beim Anschneiden der Fleischsaft ausrinnen würde. Sie werden mit fein geschnittenen Chilischoten serviert. Dazu trinkt man eiskalten Wodka.

Kasachische *Manti* werden meist mit Lammhack gefüllt, manchmal mit Fleisch vom Pferd oder Rind (aufgrund der großteils muslimischen Bevölkerung aber nie mit Schweinefleisch), dazu kommen schwarzer Pfeffer und manchmal zerdrückter Kürbis, was angeblich auf ein traditionell uigurisches Rezept zurückgeht. Oft werden sie an Straßenkiosken verkauft. Man isst sie mit Butter, saurer Sahne, Joghurt oder Schmand und einer Sauce aus Zwiebeln, Knoblauch, Tomaten oder Essig. Je nach Gusto kann man sie mit scharfem rotem Paprikapulver bestreuen. Paprikapulver, vermischt mit flüssiger Butter oder Öl, ist, neben einer speziellen Joghurt-Knoblauch-Sauce, auch in der Türkei eine wichtige Beilage dazu.

In Afghanistan isst man zu *Manty* eine mit Kreuzkümmel und Kardamom gewürzte Tomaten-Linsen-Sauce, Kurkuma-Öl und mit Wasser verdünnten Quark.

USBEKISTAN

Entlang der alten Handelsrouten

Die Wurzeln der usbekischen Küche reichen weit in die Vergangenheit zurück. Nahe den Städten Buchara oder Samarkand kreuzten sich alte Karawanenwege der legendären Seidenstraße.

Die Bevölkerung Usbekistans war im Gegensatz zu den vorwiegend nomadischen Turkmenen, Kasachen oder Kirgisen schon früh sesshaft und baute Getreide an, weshalb Gerichte auf Mehlbasis bis heute eine große Rolle in der Landesküche spielen – Brot, Nudeln und vor allem verschiedene Teigtaschen: *Manty*, mancherorts auch *Kaskoni* genannt, *Chuchvara (Tschutschwara)* oder *Somsa*.

Manty zählen zu den beliebtesten Teigtaschen der Usbeken – als Snack, als Beilage, als Hauptspeise und manchmal als krönender Abschluss einer Mahlzeit. Besonders rund um Buchara, Taschkent und Samarkand gelten sie fast als Hauptnahrungsmittel. Meist sind sie mit Kartoffeln, Kürbis, Zwiebeln, Knoblauch und – der Landesküche entsprechend – eher fettem Fleisch vom Lamm, Hammel, jungem Pferd, selten Rind oder Kamel gefüllt. Sie werden im *Kaskan (Kazan, Kasan)*, einem gusseisernen, mehrstöckigen Topf mit Einsätzen und Deckel, gedämpft. Man isst sie mit flüssiger Butter, saurer Sahne oder Sauermilch, teilweise auch mit Zwiebelringen, Essig oder Tomatensauce. Getrunken wird dazu hauptsächlich grüner Tee, das Nationalgetränk der Usbeken.

Von der Füllung her sehr ähnlich sind *Chanum*, große Teigrollen, die ebenfalls gedämpft, vor dem Servieren aber in Stücke geschnitten werden.

Zu den usbekischen Nationalgerichten zählt zudem die Teigtaschenart *Somsa (Samsa)*, die im *Tandyr*, einem zylindrischen Tonofen, bei hoher Temperatur knusprig gebacken werden. Zu diesem Zweck »klebt« man sie im Rohzustand an die heißen Innenwände des *Tandyr*. Wer hier sofort an Indien, *Samosas* und Tandoori-Hühnchen aus dem gleichnamigen Ofen denkt, liegt goldrichtig (siehe das Kapitel über Samosas, Seite 60).

Somsa sind meist drei- oder viereckig, manchmal auch kreisrund. Man füllt sie mit Fleischstückchen vom Rind oder Lamm, mit Gewürzen und gebratenen Zwiebeln; ihr charakteristischer Geschmack kommt vom verwendeten Hammel- oder Lammfett (Flomen). Sie werden oft als Vorspeise gegessen.

Typisch für die Küche Usbekistans und äußerst beliebt sind auch *Chuchvara*, viereckige, mit Rinder- oder Hammelhack, püriertem Gemüse, Speck und viel Zwiebeln zubereitete, sehr kleine Teigtaschen, die in Salzwasser oder Suppe gekocht werden und Ähnlichkeit mit den chinesischen *Wontons* oder italienischen *Tortellini* haben. Man isst sie in der Suppe oder mit etwas Essig und kleingehackter Minze, mit scharfer Tomatensauce, Sauermilch, saurer Sahne oder mit *Suzma*, einem mit Paprikapulver und Salz vermischten fermentierten Milchgetränk namens *Qatiq*.

Chorsu Bazar, Taschkent

Somsa im Tandyr, Buchara

Dekhon Bazar, Khiva

Siob Bazar, Samarkand

Im Restaurant Registan serviert man die kunstvollsten Manty von Samarkand

MANTY MIT FLEISCHFÜLLUNG

FÜR 15–18 STÜCK

FÜLLUNG

500 g nicht zu mageres Hackfleisch (Rind, Lamm oder gemischt)
400 g gelbe oder weiße Zwiebel, geschält und sehr fein geschnitten
Salz
schwarzer Pfeffer, frisch gemahlen
Cayennepfeffer
evtl. 1 Prise Zimt
evtl. 1 EL frische Minze, gehackt
evtl. etwas Zitronensaft
evtl. 1 TL Öl oder Wasser

TEIG

2 Eier
½ TL Salz
ca. 120–130 ml lauwarmes Wasser
400–450 g Weizenmehl
Salz und etwas Öl zum Dämpfen

SAUCE

Butter
schwarzer Pfeffer, frisch gemahlen
Sahnejoghurt (z. B. griechischen) oder Schmand
Weißwein- oder Reisessig

Alle Zutaten für die Füllung gut vermischen, nach Geschmack würzen und gründlich durchkneten. Falls die Masse zu fest ist, Öl oder Wasser untermischen.

Für den Teig in einer Schüssel Eier mit Salz verrühren und mit Wasser vermischen. Mehl hinein sieben, unterrühren und auf einer bemehlten Arbeitsfläche gut durchkneten. In Klarsichtfolie einwickeln und mindestens 30 Minuten ruhen lassen.

Den Teig gut durchkneten, dritteln. Ein Teigstück nochmals kneten und auf ca. 2 mm auswellen, restlichen Teig abdecken bzw. in Folie wickeln. Kreise mit ca. 12–15 cm Durchmesser ausstechen oder -schneiden, mit 1–2 EL Füllung belegen. Teigränder befeuchten, obere und untere Teigränder zusammenführen und an zwei Stellen gut festdrücken; die vier dadurch entstandenen Teigzipfel (die beiden rechten und die beiden linken) zusammendrücken. Salzwasser zum Kochen bringen. Den Boden eines Dünsteinsatzes einölen und die Manty einlegen. Ungefähr 20 Minuten zugedeckt dämpfen.

Auf vorgewärmten Tellern oder auf einer Vorlegeplatte anrichten. Je nach Geschmack mit Butterstückchen belegen, pfeffern, mit Joghurt, Schmand und/oder Essig servieren.

Kleinod im Herzen der Seidenstraße: der Registan-Platz von Samarkand

Die offene Tradition Armeniens

Dass ähnliche Namen nicht immer auch Ähnliches bedeuten müssen, zeigt sich am Unterschied zwischen dem türkischen *Börek* und den armenischen *Boraki*.

Bei letzteren handelt es sich um zylindrische, oben offene Teigtaschen aus Weizenteig, die mit zuvor angebratenem Rinderhackfleisch gefüllt werden. Man kocht sie in Wasser oder Brühe halbgar und brät sie anschließend in Butter oder Öl. Gegessen werden *Boraki* mit Sauermilch, Knoblauchjoghurt oder *Matsun*, einer joghurtähnlichen armenischen Spezialität aus Schafs-, Ziegen- oder Kuhmilch. Übrigens nannte man die traditionellen Teigtaschen *Khuuschuur* in der Mongolei früher auch *Böörög*, was Kreis bedeutet. Beim türkischen *Börek* handelt es sich um eine Art gebackenen Strudel bzw. Auflauf, der in einer traditionell runden Backform mit hohem Rand zubereitet wird: Zwischen Yufka- oder Blätterteig schichtet man eine pikante Füllung aus Fleisch, Schafskäse, Spinat oder Ähnlichem. Manchmal wird die Fülle in die Teigblätter eingewickelt; die so entstandenen Rollen werden dann schneckenförmig auf das Backblech gelegt. In Anatolien hat eine süße Börek-Variante mit Nüssen, Zimt und Honig als Abendspeise vor Hochzeiten Tradition. Eine als Snack oder Vorspeise beliebte weitere Variation sind *sigara böreği*, zigarrenförmige kleine Strudel, die meist mit Schafskäse und Kräutern, teilweise mit Fleisch gefüllt und frittiert oder gebacken werden. Den türkischen Teigtaschen ist ein eigenes Kapitel gewidmet (siehe Seite 86).

Das Garen der Boraki erfolgt in drei Schritten.

BORAKI

FÜR 2 PORTIONEN

TEIG

200 g Mehl
2–3 EL warmes Wasser
1 Ei

FÜLLUNG

2 Zwiebeln, geschält und fein gehackt
300 g Rinderhack
1 Handvoll Kräuter (wahlweise Petersilie, Basilikum, Minze, Estragon, Koriander oder Thymian, auch gemischt)
2–3 EL Öl
Salz und Pfeffer, frisch gemahlen, nach Geschmack
300–350 ml heiße Fleischbrühe (zum Garen)
2–3 EL Butter oder Öl (zum Braten)

SAUCE

1–2 Knoblauchzehen, geschält und fein gehackt oder gepresst
150–200 g Joghurt, Salz

Aus Mehl, Wasser und Ei einen festen, elastischen Teig kneten. Mit Frischhaltefolie abdecken und ca. 45 Minuten ruhen lassen. Auf 2 mm Dicke ausrollen und in ca. 6 × 8 cm große Rechtecke schneiden.

Für die Sauce Joghurt mit Knoblauch und Salz vermischen und kaltstellen. Zwiebeln anschwitzen, Fleisch und Kräuter dazugeben, würzen und alles in der Pfanne solange braten, bis das Fleisch nicht mehr rot ist. Füllung auf die Teigblätter verteilen und jedes Rechteck einrollen. Anschließend jede Rolle auf einer Seite durch Zusammendrücken des Teiges fest verschließen. Die Rollen mit der offenen Seite nach oben senkrecht nebeneinander in eine Kasserolle stellen. Die Füllung sollte mindestens daumenbreit vor dem oberen Teigrand enden. Heiße Brühe angießen, den Topf abdecken und die Boraki bei sehr milder Hitze ca. 15 Minuten pochieren.
Danach die Teigtaschen vorsichtig in ein Sieb heben und gut abtropfen lassen. In heißer Butter oder Pflanzenöl fertig braten, bis sie goldbraun sind.

KHINKALI

GEORGIEN

Zurück bleibt nur ein Hut

Khinkali gehören zu den wichtigsten Spezialitäten der traditionellen Landesküche Georgiens. Die großen, kunstvoll gefältelten Teigtaschen mit Hackfleischfüllung waren anfänglich vor allem im Kaukasus weitverbreitet, sie stammen höchstwahrscheinlich aus Zentralasien – von den Mongolen, die sie getrocknet zu Pferde mit sich führten. Da die meisten Bewohner der georgischen Hochgebirgsgegenden Schafe hielten, wurden Khinkali ursprünglich fast ausschließlich mit Fleisch – oder auch Käse – vom Schaf gefüllt.

Regional gibt es viele unterschiedliche *Khinkali*-Varianten, in den Städten werden sie meist mit Rinder- und Schweinehack zubereitet, in ländlichen Gegenden sind die Füllungen generell fetter und daher schwerer verdaulich. In der georgischen Region Imeretien werden *Khinkali* oft mit dem typischen, leicht säuerlichen Kuhmilchkäse der Region gefüllt. Als Gewürze kommen Salz und gemahlener Kümmel in die Füllung. Die fertigen *Khinkali* werden großzügig mit gemahlenem schwarzen Pfeffer bestreut. In manchen Gegenden wird statt Kümmel frischer Koriander verwendet und manchmal feingehackte Petersilie.

Mittlerweile – auch im Zuge des allgemeinen Trends zu vegetarischen Speisen – gibt es Füllungen mit Pilzen, Gemüse oder gestampften Kartoffeln. Huhn oder Fisch wäre ebenfalls möglich, das traditionelle Rezept sieht aber eine Fleischfüllung vor.

Da das Fleisch in rohem Zustand in die Teigtasche gefüllt wird, bildet sich beim Kochen im Inneren ein wenig Fleischsaft. Vorsicht: Als Anfänger kann man sich am kochendheißen Fleischsaft die Zunge verbrennen und auch die Gefahr, dass sich die Flüssigkeit auf Hand – *Khinkali* werden traditionell ohne Besteck gegessen – und Kleidung verteilt, ist nicht zu unterschätzen.

Was das erforderliche Geschick und mögliche drohende Bouillon-Katastrophen betrifft, rangieren *Khinkali* für uns auf Platz drei – hinter den mit Flüssigkeit gefüllten Teigbällchen des Ferran Adrià und der Dim-Sum-Version »Shanghainese Steamed Dumpling«.

Die Teigspitze der *Khinkali* heißt *kudi* oder auch *k'uch'i,* was auf georgisch Hut bedeutet. Sie wird nicht mitgegessen, man lässt sie auf dem Teller liegen.

Khinkali werden in Salzwasser gekocht, dem man eventuell ein wenig Öl beimischt. Falls bei einer Mahlzeit Teigtaschen übrig bleiben, kann man sie am nächsten Tag mit Butter in der Pfanne knusprig anbraten.

In Georgien isst man *Khinkali* traditionell ohne Beilage und ohne Saucen. Was etwa für ihre russischen kulinarischen Verwandten ein leckeres Kann ist – sie mit ordentlich Sauerrahm oder Schmand zu servieren –, ist für *Khinkali* »verboten«. Zudem sind die georgischen Teigtaschen nicht als Vorspeise oder Zweitgericht gedacht. Sie sind ein *piatto unico,* würde man in Italien sagen.

„Man braucht Servietten"

INTERVIEW MIT NANA ANSARI

Die gebürtige Georgierin Nana Ansari lebt seit 1992 in Wien, ist Autorin des umfangreichen, sachkundigen Kochbuchs »Die georgische Tafel« (Mandelbaum Verlag, 2004) und führt das Restaurant Café Ansari in Wien-Leopoldstadt, in dem Khinkali als »Teigzwirbel auf georgische Art mit faschierter Fülle« auf der Speisekarte stehen.

Khinkali-Expertin und Kochbuchautorin Nana Ansari

Haben die vielen kunstvollen Teigfalten der *Khinkali* eine nähere Bedeutung?

Nana Ansari: Ja, es ist sehr wichtig, dass die Teigtasche sehr viele Falten hat – je mehr, desto besser. Die Anzahl ist regional und individuell unterschiedlich; unsere haben 18 Falten, es gibt Spezialisten, die 30 schaffen. Das Faltenlegen muss man sehr lange üben, der Teig muss ganz dünn sein und sehr, sehr lange geknetet werden. Das ist eigentlich Männerarbeit, weil es viel Kraft erfordert. Und die Frauen machen dann meist die Taschen und legen die Falten.

Wie isst man *Khinkali* richtig?

Ansari: *Khinkali* isst man mit der Hand. Man nimmt sie oben an der Spitze, beißt vorsichtig hinein, schlürft die Bouillon. Man darf sie nicht anschneiden, sonst rinnt der Saft heraus. Klar, beim Essen mit den Fingern braucht man Servietten. Die obere Teigspitze lässt man auf dem Teller liegen. Manchmal werden richtige Wettbewerbe unter Männern abgehalten, wer die meisten *Khinkali* essen kann, einige schaffen bis zu 50 Stück. Ich kann zehn Stück essen, aber mehr nicht.

Gibt es Beilagen oder Saucen dazu?

Ansari: Nein, keine Beilagen. Und bei uns in Georgien isst man sie auch nicht gemeinsam mit anderen Speisen. Es gibt sehr viele Lokale, *Sakhinkle* genannt, wo man nur diese Teigtaschen anbietet. Dorthin geht man eben *Khinkali* essen. Selbst wenn man sie zu Hause macht und jemanden dazu einlädt, gibt es keine andere Speise. Der Gast weiß, es gibt *Khinkali* zu essen – nur *Khinkali*. Da es sehr viel Aufwand ist, stellen sie die meisten nicht so oft zu Hause her. Aber wenn man *Khinkali* zubereitet, dann macht man gleich mehr, für die ganze Familie und alle freuen sich. Aber das ist nichts für jeden Tag.

Und was trinkt man dazu?

Ansari: Am besten Bier oder *Tschatscha (Chacha)*, so heißt unser Grappa in Georgien. Ein traditioneller Tresterbrand, der wunderbar dazu passt.

KHINKALI

Nana Ansari, Café Ansari, Wien

FÜR 45 STÜCK (4–5 PORTIONEN)

TEIG
1 kg Weizenmehl
ca. 600 ml Wasser
½ EL Salz

FÜLLUNG
250 g Zwiebeln, geschält
30 g frischer Koriander
250 g Rinderhack
750 g Schweinehack
½ EL schwarzer Pfeffer, frisch gemahlen
2 Knoblauchzehen, geschält
ca. 1 EL Salz
500 ml Wasser

2 l Wasser
½ EL Salz

Für den Teig das Mehl mit Wasser und Salz zu einem Teig verarbeiten, dabei sehr gut kneten.

Zwiebeln für die Füllung vierteln und mit dem gewaschenen Koriander durch den Fleischwolf drehen. Das Fleisch mit Pfeffer, durchgepresstem Knoblauch und Salz vermischen. Wasser zugießen und gründlich durchmengen.

Den Teig dritteln und jeweils auf etwa Zentimeterdicke ausrollen. Mit einem Wasserglas Scheiben von ca. 6 cm Durchmesser ausstechen. Diese mit dem Nudelholz auf ca. 11 cm Durchmesser ausrollen und jeweils einen gestrichenen Esslöffel Füllung in der Mitte platzieren. Den Teigrand über der Füllung in enge Falten legen, bis er rundherum geschlossen ist. In der Mitte ragt zum Schluss ein Teigzwirbel in die Höhe.

In einem großen Topf Wasser mit Salz zum Kochen bringen und die ersten 15 Khinkali einlegen. Vorsichtig mit einem Kochlöffel am Topfboden entlangfahren, damit die Teigtaschen unten nicht kleben bleiben. Sobald die Khinkali an der Oberfläche schwimmen, müssen sie noch fünf bis sieben Minuten weitergaren.

Mit einem Schaumlöffel vorsichtig aus dem Wasser heben, großzügig mit schwarzem Pfeffer aus der Pfeffermühle bestreuen und sofort servieren.

TIPP
Anstelle von Koriander gemahlenen Kümmel nehmen. Generell werden in den Bergregionen, wo meist nur Lammfleisch verwendet wird, Kümmel und Knoblauch in die Füllung gegeben. Im Osten Georgiens und in der Hauptstadt Tiflis findet man stattdessen oft frische Kräuter wie Koriander oder Petersilie in der Füllung.

MANTI

TÜRKEI

Die winzigsten Teigtaschen der Welt

Türkische Manti stammen ursprünglich aus dem zentralasiatischen Raum, sind in der Türkei aber seit Jahrhunderten verbreitet und äußerst beliebt. Sie tauchten auch regelmäßig in den Speisefolgen der Sultanspaläste auf. Es gibt unzählige Rezepte für Manti. Ihre Qualität wird oft an ihrer Größe, besser gesagt an ihrer Kleinheit gemessen.

Besonders für die *Kayseri-Manti* aus der gleichnamigen Provinz in Anatolien heißt es: je winziger, desto besser. Die Dimension der *Manti* gilt gleichzeitig als Indikator für die Qualitäten der Köchin – und in manchen Gegenden sogar bis heute als eine Art hausfraulicher »Ehequalitätstest«, den die Braut gegenüber der künftigen Schwiegermutter ablegen muss.

Manti werden nach wie vor auch für besondere, festliche Anlässe auf den Speiseplan gesetzt, nicht zuletzt, weil ihre Zubereitung sehr aufwändig ist – schließlich braucht man für eine Portion gleich vier, fünf Dutzend der edlen Täschchen.

Der Teig wird mit einem *Oklava*, dem schmalen türkischen Nudelholz, hauchdünn ausgewellt, in kleine Quadrate geschnitten, mit Füllung belegt und zu Täschchen geformt, was einiger Fingerfertigkeit bedarf. Je mehr der im besten Fall daumennagelgroßen *Manti* am Ende auf einen großen Servierlöffel passen, desto besser – etwa 30 sollten es schon sein.

Klassisch werden *Manti* mit Hackfleisch gefüllt: vom Rind oder Lamm, manchmal von Hähnchen, Wachteln oder Gänsen. Dazu kommen Zwiebeln, Knoblauch und Gewürze, meist Kreuzkümmel, mitunter Zimt, und Kräuter. Manche mischen Pinienkerne in die Füllung oder kombinieren zerstampfte Kichererbsen mit Lammfleisch. Es gibt aber auch traditionelle Füllungen ohne Fleisch – etwa mit Kichererbsen- oder Linsenpüree oder mit Reis.

Manti können gedämpft werden, im allgemeinen kocht man sie aber in Salzwasser. Wenn sie in der »Suppe« serviert werden sollen, fügt man dem Kochwasser zuvor eventuell ein bis zwei Teelöffel Tomatenmark hinzu. Meist isst man sie aber mit Knoblauch-Minze-Joghurt und einer scharfen Sauce aus mit Butter oder Öl vermischtem Paprikapulver. Bei Tisch wird mit Minze oder Thymian, Chilipulver oder dem typisch ostmediterranen, fruchtig-säuerlich schmeckenden *Sumach*/Sumacpulver nachgewürzt.

Köfte, ganz frisch

Im Gewürzbazar

Fischer auf der Galatabrücke

TÜRKISCHE MANTI

Kebire & Cetin Erdogan, Wien

3–4 PORTIONEN

TEIG

500 g Mehl
1 TL Salz
1 großes Ei
ca. ⅛ l lauwarmes Wasser

FÜLLE

1 Zwiebel, geschält
1 Bund Petersilie
200 g Rinderhackfleisch
süßes Paprikapulver
Pfeffer, frisch gemahlen
1 Msp Kreuzkümmel
1 TL Salz

SAUCE

250 g Joghurt
2 Knoblauchzehen, geschält
1 TL Salz
100 g Butter, 2 TL süßes Paprikapulver

Zwiebel und Petersilie sehr fein hacken. Mit Hackfleisch und den Gewürzen gut vermischen.

Das Mehl sieben, mit Salz, Ei und lauwarmem Wasser zu einem elastischen, glatten Teig verarbeiten; bei Bedarf noch etwas mehr Wasser einarbeiten. Den Teig mit Frischhaltefolie bedecken und mindestens 30 Minuten ruhen lassen.

Für die Sauce Joghurt in eine Schüssel geben, den Knoblauch dazu pressen. Salzen, alles glatt verrühren und kaltstellen.

Den Teig in vier Stücke teilen. Jedes Stück auf einer bemehlten Arbeitsfläche sehr dünn ausrollen und in 4 cm große Quadrate schneiden. Auf jedes Quadrat ½ TL Füllung setzen. Alle vier Ecken fest zusammendrücken, so dass kleine, gut geschlossene Taschen entstehen.

Einen großen Topf mit reichlich Wasser und 1 EL Salz aufkochen. Die Teigtäschchen bei mittlerer Hitze im offenen Topf vier bis fünf Minuten kochen. Wenn die Manti oben schwimmen, sind sie fertig. In einem Sieb gut abtropfen lassen.

Die Butter in einer Pfanne aufschäumen und das Paprikapulver einrühren. Manti auf Suppenteller verteilen. Auf jede Portion etwas Joghurtsauce geben und zum Schluss mit etwas heißer Paprikabutter übergießen.

TIPPS

Fertige Manti gibt es inzwischen auch in spezialisierten Supermärkten tiefgefroren zu kaufen, wobei Puristen davon überzeugt sind, dass nur frische Manti wahre Manti sind. Das muss jeder für sich ausprobieren. Wenn man gleich eine größere Menge Manti zubereitet, kann man diese eventuell bei rund 110 °C im Backofen Farbe nehmen lassen und nach dem kompletten Abkühlen im Tiefkühlschrank lagern.

PELMENI + WARENIKI

RUSSLAND + UKRAINE

Teigtaschen in allen Größen

Pelmeni und Wareniki zählen zu den Nationalgerichten Russlands und der Ukraine, sind aber eine zentralasiatische Teigtaschenspezialität, die aus Sibirien, manchen Quellen zufolge ursprünglich aus Persien stammt.

Mit Hackfleisch gefüllte Teigtaschen waren eine beliebte Speise der Kutscher auf ihren langen Reisen durch das riesige, kalte Land, berichtet die Website russlandjournal.de. Die *Pelmeni* wurden zu Hause vorbereitet und eingefroren, »unterwegs brauchte man nur ein Feuer zu entfachen, einen Kessel mit Wasser aufzuhängen beziehungsweise etwas Schnee zu schmelzen und die Pelmeni darin zu garen«.

Optisch erinnern *Pelmeni* an *Tortelloni* oder runde, bauchige *Ravioli*. In der Zubereitung sind sie polnischen *Pierogi* mit Fleischfüllung und auch den georgischen *Khinkali* sehr ähnlich.

Die Teigtaschen werden meist in Salzwasser oder Brühe gekocht, man isst sie mit heißer Butter, Sauerrahm oder Schmand, manchmal mit gebratenen Zwiebeln und Speck, Essig, Kräutern oder einer Mischung aus Knoblauch, Zwiebeln und Senf, teilweise auch in der Suppe. Es gibt außerdem mit saurer Sahne überbackene *Pelmeni*. Sie werden mit nicht zu magerem Rinder- oder Schweinehack gefüllt, zudem schlagen manche Rezepte eine Leberfüllung vor.

In der Form unterscheiden sich *Pelmeni* und die – meist etwas größeren – *Wareniki* wenig, nur die Füllung ist anders: Beliebt sind *Wareniki* mit Weiß- oder Sauerkraut, mit Bohnen, Kartoffeln und eventuell Pilzen. Manchmal wird Fisch für die Füllung verarbeitet, äußerst selten Fleisch – und wenn, dann nur vorgegartes.

Besonders im Sommer werden süße *Wareniki* gegessen – gefüllt mit Beeren, Äpfeln, Dörrobst oder Pflaumen. Dazu gibt's Schlagsahne oder Honig. Mit Kirschen gefüllte *Wareniki* sollen einst sogar den ehemaligen US-Präsidenten Bill Clinton begeistert haben. Für ihren Teig wird Weizenmehl mit Wasser oder Milch, Molke, manchmal auch Kefir, Eiern und Salz verknetet.

Die Ukraine ist stolz auf dieses Nationalgericht – so wie auf ihren Schriftsteller Nikolai Gogol, der die Täschchen in einer seiner Erzählungen verewigte. *Wareniki* spielen sozusagen Schlaraffenland, baden in Schmand und fliegen einem Hexenmeister direkt in den Mund. Kein Wunder, dass *Wareniki* so manches Mal als Synonym für

Von links nach rechts: Pelmeni, Tschebureki und Wareniki

Völlerei herhalten müssen. Vielleicht auch deshalb, weil es im 19. Jahrhundert eine Zeit lang Mode gewesen sein soll, Riesenwareniki mit bis zu 30 Zentimetern Länge herzustellen. Eine riesige Teigtasche – die von einer überdimensionalen Gabel aufgespießt wird – stellt das im ukrainischen Dorf Synky errichtete Warenikidenkmal dar.

Nicht zuletzt, weil die Zubereitung relativ mühevoll ist, gelten *Wareniki* als etwas Besonderes. Sie sind ein Gericht für Sonn- und Feiertage, für festliche Anlässe wie Taufen oder Hochzeiten, für die Fastnacht. Früher gab man sie Schwangeren als kräftigende Nahrung und angeblich dienten sie unverheirateten Mädchen als eine Art Liebeslotterie: Sie schrieben die Namen jener jungen Männer, die als künftige Partner in Betracht kamen, auf kleine Zettel, die sie in den rohen *Wareniki* versteckten. Und dann warteten sie gespannt, welche der im kochenden Wasser liegenden Teigtaschen als erste oben schwamm …

Wareniki dienten als traditionelles Liebesorakel.

Eine weitere Spezialität Russlands sind *Tschebureki*, für die es sogar eigens dafür eingerichtete Lokale gibt, *Tscheburetschnajas*, in denen man ausschließlich diese relativ großen, in Fett ausgebackenen Teigtaschen bekommt. Ihr Ursprung wird in der Küche der Krimtataren vermutet, deren Wurzeln von verschiedenen Ethnien stammen – darunter osmanische Türken. In der Türkei heißen die frittierten, mit Hackfleisch gefüllten Teigtaschen ganz ähnlich: *çiğ börek*. Für die Füllung der *Tschebureki* wird traditionell Lammhack verwendet, aber auch andere pikante Zutaten (mit oder ohne Fleisch) sind möglich. Der einfache Teig wird aus Mehl, Ei und Wasser mit einer Prise Salz hergestellt. Einige Rezepte sehen sogar einen Schuss Wodka im Teig vor – wobei dieser bei der teilweise recht fettigen Angelegenheit ohnehin das passende Getränk dazu ist.

PELMENI

FÜR 3–4 PORTIONEN

TEIG
400 g Weizenmehl, Type 405
2 Eier
½ TL Salz
130–150 ml lauwarmes Wasser oder mehr, falls nötig

FÜLLUNG
240 g Rinderhackfleisch
240 g Schweinehackfleisch
200 g Zwiebeln, geschält
3 Knoblauchzehen, geschält, Menge nach Geschmack
2–3 EL Wasser oder mehr, falls nötig
1 TL Salz
½ TL schwarzer Pfeffer, frisch gemahlen

Wasser zum Garen
3 Lorbeerblätter
Salz
½ TL schwarze Pfefferkörner
1–2 EL Butter
schwarzer Pfeffer, frisch gemahlen
saure Sahne oder Schmand
1 TL Weinessig, mit 4 EL Wasser vermischt

Aus den Zutaten einen Teig kneten, der weich und elastisch ist; er darf nicht mehr klebrig sein. In Frischhaltefolie wickeln und mindestens 30 Minuten ruhen lassen.

Für die Füllung die Zwiebeln sehr klein schneiden oder reiben, Knoblauch durchpressen. Alle Zutaten vermischen, kräftig durchkneten und mindestens 30 Minuten ruhen lassen.

Füllung nochmals gut durchkneten und etwa nussgroße Bällchen formen.

Teig 2 mm dick ausrollen und Scheiben mit 8–9 cm Durchmesser ausstechen. Ein Teigblatt etwas auseinander ziehen und in eine Handfläche legen. Fleischbällchen in der Mitte platzieren, Teig darüber verschließen, sodass ein Halbmond entsteht. Teigränder dabei gut aufeinander drücken und die beiden Enden des so entstandenen Täschchens zusammenführen, erneut gut festdrücken.

Wasser mit Lorbeerblättern, Salz und Pfefferkörnern in einem weiten Topf zum Kochen bringen. Pelmeni vorsichtig einlegen – nicht zu viele auf einmal, sie kleben leicht zusammen – und etwa zehn Minuten köcheln lassen, bis sie an der Oberfläche schwimmen. Mit einem Schaumlöffel aus dem Wasser heben, in eine vorgewärmte Schüssel legen und Butterstückchen darauf verteilen oder geschmolzene Butter separat dazu reichen. Frisch gemahlenen Pfeffer darüber geben und nach Geschmack mit saurer Sahne oder Schmand und einer Essig-Wasser-Mischung servieren.

TIPPS

Man kann auch gehackte Petersilie oder eine Prise Majoran in die Füllung mischen. Manche schwören darauf, dass die Fleischfüllung besonders zart wird, wenn man sie zu einer Kugel formt und mehrmals kräftig auf den Boden einer Schüssel schleudert.

Statt saurer Sahne oder Schmand passt mit etwas Salz, Pfeffer und frischen Kräutern vermischter Joghurt. Etwas scharfer Senf schmeckt ebenfalls gut dazu. Man kann die Pelmeni auch mit in Butter angerösteten Semmelbröseln übergießen oder in Brühe garen und darin servieren.

Wem die Zubereitung der Täschchen von Hand zu mühsam ist, der bedient sich einfach einer Pelmeniza – das ist eine Form, die zur Herstellung von Pelmeni genutzt wird.

Zwischen Zwiebeln und Zwiebeltürmen – Russland pflegt seine Traditionen, auch die kulinarischen.

WARENIKI MIT KIRSCHFÜLLUNG

FÜR 3–4 PORTIONEN

FÜLLUNG
600g Kirschen
150–200g feiner Zucker

TEIG
400g Mehl
130–150ml lauwarmes Wasser
1–2 Eier
½ TL Salz

1 Eiweiß zum Bestreichen
Puderzucker
Schmand, saure oder süße Sahne, steif geschlagen

Kirschen entsteinen, mit Zucker vermischen und einige Stunden oder über Nacht im Kühlschrank ziehen lassen. Vor der Weiterverarbeitung in ein Sieb geben und den Saft auffangen. Gut abtropfen lassen und die Kirschen eventuell leicht in das Sieb drücken.

Zutaten für den Teig zu einer festen, elastischen Masse verkneten. In Frischhaltefolie wickeln und ca. 45 Minuten ruhen lassen.

Teig ca. 2 mm dick ausrollen und in etwa 10 × 10 cm große Quadrate schneiden. Jedes Teigquadrat mit 1–2 TL Kirschen belegen, die Ränder mit Eiweiß bestreichen und den Teig zu einem Dreieck zusammenklappen. Die Ränder gut zusammendrücken und die beiden Spitzen entweder aufeinander pressen oder die Dreiecksform belassen.

Leicht gesalzenes Wasser in einem großen Topf zum Kochen bringen. Wareniki behutsam hineingeben und rund 15 Minuten köcheln lassen. Sie sind gar, wenn sie an die Oberfläche steigen.

Vorsichtig in ein Sieb gießen oder mit einem Schaumlöffel aus dem Wasser heben. Nach Geschmack mit Puderzucker bestreuen und mit Schmand, saurer Sahne oder Schlagsahne servieren.

TIPP

Den aufgefangenen Kirschsaft erhitzen und entweder pur oder mit etwas Stärkemehl abgebunden über die Wareniki gießen.

PIEROGI

POLEN

Kulinarisches Erbe der Slawen

Die polnischen Pierogi sind eng mit der Universitätsstadt Krakau verbunden. Denn der hier begrabene adelige Dominikanermönch Jacek Odrowaz, der spätere Heilige Hyazinth von Polen, soll die beliebten Teigtaschen im Zuge seiner Missionsreisen im 13. Jahrhundert aus Kiew mitgebracht haben, um die Armen zu speisen.

Die Teigtaschen aus Nudelteig, seltener aus Blätter-, Hefe- oder Mürbeteig, werden gekocht *(lepiochy)* und manchmal auch gebacken *(piecuchy/kruche)* oder gebraten. Es gibt sie in unzähligen Varianten, mit pikanter oder süßer Füllung. Im Sommer werden sie oft mit frischen Früchten zubereitet, die Versionen ohne Fleisch isst man in vielen katholischen Familien vor allem an Freitagen.

Rund um den Gedenktag des Heiligen Hyazinth am 17. August findet seit 2003 in Krakau das Pierogifest statt. Dann werden auf dem Kleinen Marktplatz (Maly Rynek) im Herzen der Stadt Verkaufsstände aufgestellt, an denen über ein Dutzend Krakauer Restaurants mit ihren Pierogikreationen um die Gunst der vielen in- und ausländischen Besucher wetteifern – und um zwei begehrte Preise für die beste Teigtasche, den nach dem Heiligen Hyazinth benannten Jurypreis und den an König Kasimir erinnernden Preis des Publikums.

Dem Erfindungsreichtum sind kaum Grenzen gesetzt, vor ein paar Jahren wurden mit Bohnen und Speck gefüllte *Pierogi* namens »gefährliche Liebschaft« ausgezeichnet, der Jurypreis ging an eine mit geräuchertem Hühnerfleisch, Schafkäse und Pilzen gefüllte Teigtasche. Ein anderes Mal einigten sich die Tester auf *Pierogi*, die mit Schokolade und Erdbeeren gefüllt waren, als Sieger.

Pierogi waren ursprünglich eine Speise für die Armen, weil man nicht viel dazu benötigt – Mehl, Ei und was man gerade zu Hause hat, erzählt unsere Dolmetscherin Monika. Sie habe nie darüber nachgedacht, wo *Pierogi* herkämen, »wir haben sie schon als kleine Kinder oft gegessen, sie gehören einfach dazu«.

Während des Pierogifestes bilden sich an den Kiosken täglich lange Warteschlangen, alle wollen sich durch die vielfältige, fast unüberschaubare Auswahl kosten. Wer schließlich seine Portion *Pierogi* ergattert hat, sucht sich einen Platz an einem der langen Tische unter freiem Himmel.

Pierogi-Festival am Maly Rynek

Marienkirche mit Altar von Veit Stoß

In jedem Fall hat man die Qual der Wahl: große, mittlere und kleine Teigtäschchen, runde, quadratische, rechteckige, halbkreisförmige; es gibt welche, deren Teig bunt eingefärbt ist, safrangelb, grün oder grellrot. Gefüllt sind die angebotenen *Pierogi* mit Mozzarella und Pilzen, Quark und Kräutern, mit Kartoffeln und Zwiebeln, mit Quark, Spinat und Frischkäse, Hühnerleber, Schweinefleisch, Wurstbrät oder Huhn; am Nachbarkiosk werden gerade orangefarbene Teigtaschen mit Lachsfüllung aus dem kochenden Wasser gefischt. Die längste Warteschlange hat sich vor dem Verkaufsstand gebildet, an dem mit Entenfleisch gefüllte, goldgelbe *Pierogi* angeboten werden. Sehr beliebt sind auch die »mexikanischen« mit ihrem scharf gewürzten Innenleben aus Hackfleisch, Mais und Pfefferschoten, sowie die »Lemberger Pierogi« mit Speck und Rindfleisch.

Wichtig ist jedenfalls, dass man sich nach all den deftig-pikanten Täschchen genug Appetit für die unwiderstehlichen süßen Pierogivarianten aufgehoben hat: Es gibt sie mit Blaubeeren, Himbeeren oder Erdbeeren gefüllt, mit gesüßtem Quark, Mohn und Pflaumen, Schokolade und Nüssen oder mit Quark, Birnen und Äpfeln gefüllt (»Weißer Herbst«).

Während zu den pikanten *Pierogi* geschmolzene Butter, geröstete Zwiebeln, knusprig gebratene Speckwürfelchen, saure Sahne und diverse pikante Saucen zur Auswahl stehen, werden die süßen Teigtaschen mit Schlagsahne oder Vanillesauce verzehrt. Vorsicht ist im abendlichen Dämmerlicht geboten, da herrscht akute Verwechslungsgefahr zwischen der Knoblauchsauce und der farblich fast identischen Vanillesauce in der Schüssel daneben …

PIEROGI

FÜR 4 PORTIONEN (ERGIBT 16–20 STÜCK)

TEIG (FÜR 1 FÜLLUNG)
3–4 EL Butter
125–200 ml heißes Wasser
1–3 Eier, verquirlt
250 g Kartoffelstärke
250 g Weizenmehl, Type 550, oder Weizendunst
1 ½ TL Salz

Wasser oder Eiweiß

FÜLLUNG VARIANTE 1
ca. 350 g mehlig kochende Kartoffeln
1–2 Zwiebeln, geschält und fein gehackt
175–200 g sahniger Frischkäse oder Doppelrahmfrischkäse
Salz und schwarzer Pfeffer, frisch gemahlen

GARNITUR
Butter oder Öl, ersatzweise Speckwürfel
1 Zwiebel, geschält und gewürfelt
Grieben, nach Geschmack
½ Bund Petersilie, Blättchen gehackt

FÜLLUNG VARIANTE 2
ca. 350 g mehlig kochende Kartoffeln
½ Zwiebel, geschält und gerieben
130–150 g Hartkäse, frisch gerieben
2 EL Sonnenblumenöl oder geschmolzene Butter
Salz und schwarzer Pfeffer, frisch gemahlen

SAUCE
200 ml saure Sahne oder Schmand
Salz und schwarzer Pfeffer, frisch gemahlen
1–2 EL Schnittlauchröllchen

Butter im heißen Wasser schmelzen und mit dem Mehl vermischen. Eier unterrühren und gut durchkneten. Der Teig soll weich und elastisch, aber nicht klebrig sein. Bei Bedarf noch etwas warmes Wasser oder Mehl hinzufügen. Abgedeckt mindestens 45 Minuten ruhen lassen.

Für die Füllung 1 geschälte und in Stücke geschnittene Kartoffeln in Salzwasser kochen, abgießen und stampfen oder zerdrücken. Mit den übrigen Zutaten gut verrühren, nach Geschmack salzen und pfeffern.

Als Beigabe dazu Butter, Öl oder Speck in einer Bratpfanne erhitzen. Zwiebelwürfel darin anbraten. Auch knusprige Grieben und Petersilie passen gut dazu.

Oder die Zutaten für die Füllung 2 auf dieselbe Weise wie die der ersten Füllung zubereiten. Dazu passt dann die Sauce, für die sämtliche Zutaten gut verrührt werden.

Den Teig nochmals durchkneten und vierteln. Drei Teile in Folie wickeln, damit der Teig nicht austrocknet. Ein Teigstück 2–3 mm dick ausrollen und mit einem Kreisausstecher, einer Tasse oder einem Glas Scheiben von 5–6 cm Durchmesser ausstechen.

In die Mitte jeder Rondelle 1 TL Füllung setzen, das Teigblatt in der Mitte zusammenklappen und die mit Wasser oder Eiweiß befeuchteten Ränder gut zusammendrücken. Zusätzlich mit einer Gabel einen Rillenrand hineindrücken.

In einem ausreichend großen Topf Salzwasser zum Kochen bringen. Pierogi einlegen und fünf bis zehn Minuten köcheln lassen. Abseihen und je nach Geschmack mit Speckzwiebeln oder Schmandsauce servieren.

TIPPS UND VARIANTE

Je mehr Eier man für den Teig verwendet, desto weicher wird er. Es gibt auch Rezepte ohne Ei, hier werden stattdessen mehr Butter oder Öl verwendet. Man kann zudem die Kartoffelstärke weglassen und nur Weizenmehl verwenden oder das Weizenmehl mit Hartweizengrieß vermengen. Statt Wasser kann saure Sahne für den Teig genommen werden.

Pierogi lassen sich gut einfrieren, man kann sie also auf Vorrat zubereiten. Übrig gebliebene Pierogi schmecken auch am nächsten Tag, am besten mit etwas Butter, Speck oder Öl in der Pfanne gebraten.

Die süße Alternative ist ein beliebtes Sommeressen: ***Heidelbeer-Pierogi.*** *Dem Teig nur eine Prise Salz hinzufügen und auf jedes Teigblatt 1 TL frische Heidelbeeren legen, die mit Puderzucker vermischt wurden. Die fertigen Pierogi dann mit geschmolzener Butter, Zucker und saurer Sahne servieren, frische Beeren passen ebenfalls dazu.*

MAULTASCHEN

DEUTSCHLAND / SCHWABEN

Die Inkarnation des schwäbischen Wesens

Der schwäbische Mundartdichter Thaddäus Troll sah in diesem „Spitzenerzeugnis schwäbischer Küche" gleich auch die Inkarnation des schwäbischen Wesens: „In einem unliebenswürdigen Gewand verbirgt sich ein delikater Kern ...", meinte er ein wenig respektlos über das schwäbische Nationalgericht, das ihn optisch an „Wasserleichen in der Fleischbrühe" erinnerte. Aber natürlich hat er es nicht wirklich böse gemeint, der Herr Troll. Die Maultasche gehört schließlich zur Kulinarik des Schwabenlandes wie Krabbenbrötchen zur Nordseeküste oder die Mozartkugel zu Salzburg.

Die Herkunft

Die bekannteste urkundliche Erwähnung der *Maultasche* geht auf das Jahr 1831 zurück und soll von dem königlich württembergischen Prälaten Johannes Christoph von Schmid stammen, der von einer »gefüllten Nudel aus Schwaben« berichtete; anderen Quellen zufolge war der Geistliche allerdings bereits vier Jahre zuvor gestorben. Rezepte für die Zubereitung der *Maultaschen* gab es ab Mitte des 19. Jahrhunderts; im »Allgemeinen Küchenlexicon für Frauenzimmer« von 1794 ist zwar bereits von *Maultaschen* die Rede, allerdings nur in einer süßen Version. Ursprünglich war die *Maultasche* aus Mürbeteig – eine Süßspeise mit Mandeln, Rosinen, Datteln und gestockter Milch.

Relativ einig sind sich die Experten, dass *Maultaschen* ein Arme-Leute-Essen waren; man verpackte ein bisschen Gemüse aus dem Garten, Reste vom Vortag, ein Stück übrig gebliebenes Brot in einen einfachen Nudelteig. Die Frage, woher die »Maultäschle« aber nun tatsächlich kommen, führt gleich zur populärsten Entstehungslegende, die zudem den Spitznamen der *Maultasche* – »Herrgottsb'scheißerle« – erklärt. Die Geschichte geht in etwa so: Im 17. Jahrhundert, zur Zeit des Dreißigjährigen Krieges, herrschte großer Mangel an Lebensmitteln, die Menschen litten Hunger. Umso größer sei die Freude der Zisterziensermönche des Klosters Maulbronn im baden-württembergischen Enzkreis gewesen, als sie unversehens ein großes Stück frisches Fleisch geschenkt bekamen. Nach einem Blick auf den Kalender des Kirchenjahres sei die Begeisterung der frommen Brüder allerdings der Enttäuschung

Küchenchef Georg »Schorsch« Barta hat seine ganz eigene Meinung zur Herkunft der schwäbischen »Mauldäschle«.

Legenden ranken sich um die Entstehungsgeschichte.

gewichen. Man befand sich mitten in der Fastenzeit, an den Verzehr von Fleisch war nicht zu denken. Um die kostbare Delikatesse nicht verkommen zu lassen, seien die Gottesdiener auf die Idee gekommen, das Fleisch winzig klein zu schneiden und mit gehackten Zwiebeln, Spinat und Kräutern aus dem Klostergarten in einem Teigmantel zu verstecken – vor allem vor dem Herrgott. Der Name *Maultasche* ist dieser Legende zufolge aus der Bezeichnung »Maulbronner Nudeltasche« entstanden. In der Folge hätten diese »Herrgottsb'scheißerle« ihren kulinarischen Siegeszug durch das Schwabenland und darüber hinaus angetreten.

Nicht nur Georg »Schorsch« Barta, Chef der urschwäbischen Gaststätte »Ochsen« in Diefenbach, hält diese Version der Entstehungsgeschichte für »Quatsch« und »einen fehlgeleiteten Marketinggag, den niemand wirklich hinterfragt hat«: Warum sollten ausgerechnet fromme Geistliche ihren Gott hintergehen bzw. annehmen, dass sich der Allmächtige so täuschen ließe?

Das Kloster Maulbronn – möglicher Geburtsort und Namensgeber?

Maultasche bedeutete auch „Ohrfeige".

Von einer »in Schwaben gefüllten Nudel« erzählen auch die Gebrüder Grimm in ihrem »Deutschen Wörterbuch« von 1885, meist war damals mit dem Wort Maultasche – oder Maultatsche – allerdings keine Speise, sondern eine Ohrfeige gemeint.

Der Duden kennt das Wort Maultasche als Synonym für einen »leichten Schlag«, in Bayern und in manchen österreichischen Dialekten nennt man eine Ohrfeige eine Tätschen.

Als alternative Herkunftsgeschichte bietet sich die russische Verbindung in Gestalt der Zarentochter und Großfürstin Katharina Pawlowna an, die auf nebenstehendem Bild porträtiert ist. 1816 heiratete sie in St. Petersburg ihren Cousin, Württembergs Kronprinzen Wilhelm, mit dem sie nach Stuttgart zog. Nicht unwahrscheinlich, dass mit Katharina auch die traditionellen Teigtaschen aus ihrer Heimat ins Schwabenland kamen: *Pelmeni* mit Hackfleischfüllung und *Wareniki*, gefüllt mit Kartoffeln, Kohl oder süß mit Obst und Frischkäse. Stammt die schwäbische Nationalspeise also ursprünglich aus Russland?

Was auf den ersten Blick dagegen spricht: Ein Rezept für *Maultaschen* existierte bereits Ende des 18. Jahrhunderts – allerdings eben in einer süßen Variante. Vielleicht verdanken die Schwaben ihre deftig gefüllten *Maultaschen* ja doch der beliebten Regentin Katharina?

Maultaschenproduktion beim Profi: Hier werden meterlange Teigbahnen verarbeitet.

Auch die protestantischen Waldenser aus Norditalien könnten dazu beigetragen haben, dass in dieser süddeutschen Gegend die süßen Teigtaschen zunehmend von fleischigen, pikanten Varianten verdrängt wurden. Denn einige Waldenser-Familien, die aus ihrer Heimat im Piemont vertrieben worden waren, lebten ab dem Ende des 17. Jahrhunderts in Württemberg. Ist die *Maultasche* also eine schwäbische Weiterentwicklung der piemontesischen *Ravioli* und *Agnolotti?*

Ist die Maultasche eine schwäbische Weiterentwicklung der Ravioli?

Da könnte sich das patriotische Schwabenherz vielleicht aufs Erste in seinem Nationalstolz gekränkt fühlen. Andererseits wäre es ja weder verwerflich noch ehrenrührig, bei einer ausländischen Speise kreativ-kulinarisch Anleihe zu nehmen und sie mit eigenen Traditionen zu verbinden und weiterzuentwickeln. Und dass die Symbiose aus italienischen Ravioli und süßen schwäbischen Teigtaschen eine kreative und erfolgreiche Idee war, wird niemand bestreiten; die *Maultasche* ist mittlerweile seit Jahrhunderten ein Protagonist der schwäbischen Küche, woher auch immer die Einflüsse einst gekommen sein mögen.

Eine »italienische« Linie könnte es übrigens schon viel früher gegeben haben – durch den Staufer Friedrich II. (1194–1250), König von Sizilien, römisch-deutscher König und ab 1220 römisch-

Ob aus der Pfanne oder in der Brühe – handgemachte Maultaschen sind immer ein Genuss, auch für Nicht-Schwaben.

deutscher Kaiser, der fast drei Jahrzehnte in Italien lebte. Nicht ausgeschlossen, dass durch ihn ein wenig Pastakultur den Weg nordwärts fand.

Sicher ist jedenfalls, dass die *Maultasche* nichts mit der sagenumwobenen Tiroler Gräfin Margarethe von Tirol zu tun hat. Zur Entstehung ihres Beinamens »Maultasch« kursieren die verschiedensten Erklärungsversuche – darunter der wenig charmante, der dieser ebenso schönen wie mächtigen Dame eine hässliche Missbildung im Gesicht andichtete. Höchstwahrscheinlich stammt Margarethes Beiname von der Burg Neuhaus in Terlan, die von der einheimischen Bevölkerung nach der nahe gelegenen Zollstation »Mala tasca« auch »Schloss Maultasch« genannt wurde.

Egal wo sie ihre Wurzeln hat: Seit 2009 ist die *Schwäbische Maultasche* als EU-weit geschützte geographische Angabe (g. g. A.) registriert; Größe, Inhaltsstoffe und Form sind genau festgelegt und Teigtaschen mit der Bezeichnung *Schwäbische Maultasche* dürfen nur aus dem bayerischen Regierungsbezirk Schwaben oder dem Bundesland Baden-Württemberg stammen.

Wie und wann man sie isst

Traditionell war der Gründonnerstag »Maultaschentag«; da aß man sie in der Brühe, übrig gebliebene Reste kamen am Karfreitag gebraten oder geschmälzt auf den Tisch. Heutzutage stehen *Maultaschen* das ganze Jahr auf dem Speisezettel – und passen an jeder Stelle der Menüfolge: als Vorspeise in der Suppe, als Zwischen- oder Hauptgang und auch als Dessert in einer süßen Variante.

Fast jede schwäbische Familie kultiviert ihr eigenes Rezept – mischt in die Hackfleischfüllung mehr oder weniger Zwiebeln, eingeweichte Brötchen oder »Milchweckle«, mehr oder weniger Brät, Speck oder Rauchfleisch, Schinken oder Bratenreste, Spinat, Petersilie oder Kohl und würzt mit Salz, Pfeffer und Muskat.

Hier scheiden sich die Geister, ob man strikt bei der »klassischen« Version bleibt, oder sich je nach

„In den kleinsten Taschen finden sich oft die besten Sachen."

Gusto oder vorhandenen Vorräten zu ungewöhnlicheren Variationen inspirieren lässt. Manche servieren Sauerkraut als Beilage, anderen schmecken »Maulis« am besten mit Gorgonzolasauce, mit Kürbisfüllung, in Begleitung von Rahmchampignons oder dünn aufgeschnitten als Salat mit Zwiebeln und einem Sauerrahm-Dressing.

Im Restaurant »Klosterschmiede« auf dem Gelände des zum UNESCO-Weltkulturerbe zählenden Klosters Maulbronn werden neben der klassischen Variante auch *Maultäschle* mit Geflügel-, Pilz-, Gemüse-, Reh- oder Lachsforellenfüllung serviert. Frei nach dem alten schwäbischen Motto: »En de kloinschte Däschla send oft de beschte Sächla«, was ins Hochdeutsche übersetzt soviel heißt wie: »In den kleinsten Taschen finden sich oft die besten Sachen.« Inzwischen gibt es sogar »exotische« Variationen, zum Beispiel mit Curry. Selbst in der Haute Cuisine trifft man auf kreative Versionen des ursprünglich volkstümlichen Gerichts *Maultasche* – etwa gefüllt mit Schnecken, Meeresfrüchten, Wachtelfleisch oder Kalbsbries.

Eine satte Mehrheit hält es allerdings möglicherweise mit dem bekannten deutschen Sternekoch und Träger des internationalen Eckart-Witzigmann-Preises, Vincent Klink, der davon überzeugt ist, »Maultasche muss Maultasche bleiben. Da gehört kein Lachs oder sonstiger Zeitgeist hinein«, wie er einmal dem Magazin *Cicero* anvertraute.

Als authentische Vertreter der schwäbischen Küche haben es die rechteckigen *Maultaschen* gern sehr feucht bis nass – sie kommen entweder in der Fleischbrühe auf den Tisch oder »geschmälzt« mit in Butter braun angebratenen Zwiebeln. Und dann gibt es noch die »geröstete«

Kartoffelsalat passt in Schwaben überall dazu, zu Maultaschen ist er ein Muss.

Variante: Die *Maultaschen* werden in Stücke geschnitten und mit Zwiebeln und/oder Ei in der Pfanne geröstet, manchmal auch mit Käse überbacken. Und für *Nürtinger Maultaschen*, eine Art »schwäbische Lasagne-Variation«, werden in Streifen geschnittene *Maultaschen* in eine Auflaufform geschichtet und mit einer Sauce aus Tomaten, Schmand, Zwiebeln und z. B. Parmesan im Ofen überbacken.

Ganz wichtig: Klassische *Maultaschen* kommen in Begleitung von Kartoffelsalat auf den Tisch, und zwar eines schwäbischen, mit lauwarmer Brühe »schlonzig« angemachten. Denn Kartoffelsalat gehört zur schwäbischen Küche fast so wie die *Maultaschen*. Manche behaupten ja, dass es außer Desserts eigentlich keine Speise in der schwäbischen Küche gäbe, zu der kein Kartoffelsalat passe.

Die Längsten und die Schönsten

Naturgemäß muss ein »Nationalgericht« wie die *Maultasche* auch für Rekordversuche herhalten. So bastelten Enthusiasten im März 2004 im baden-württembergischen Herrenberg an der mit 1642 Metern längsten *Maultasche* der Welt – 400 Kilogramm Teig ergaben 6000 Portionen – und ließen damit die damaligen Rekordhalter in Baiersbronn im Schwarzwald aus dem Jahr 2000 (Rekord: 1005 Meter) hinter sich. Damals wurde dort die erste Maultaschenkönigin

Sorgfältige Zubereitung mit Zutaten aus der Gegend – so schmeckt Heimat.

gewählt. Auch die Kinderbiennale Esslingen veranstaltete 2012 einen Maultaschenweltrekordversuch.

Wer zudem beim Wandern gern *Maultaschen* in der Nähe weiß, den reizt möglicherweise eine »Pilgerreise« entlang des fünf Tagestouren umfassenden Maultaschenwegs auf der Schwäbischen Alb. Start und Ziel ist das idyllische Kurstädtchen Bad Urach; dass unterwegs zum Maultaschenessen eingekehrt wird, versteht sich von selbst.

„Maultäschle“-Herstellung beim „Ochsen“ in Diefenbach

Das handgeschriebene Heft mit den Familienrezepten liegt auf dem Küchentisch. Natürlich kennt Georg »Schorsch« Barta, Chef und Inhaber der urschwäbischen Gaststätte »Ochsen zu Diefenbach«, das Rezept auswendig, aber wenn er sich in seiner Küche neben der über 300 Jahre alten gemütlichen Gaststube daran macht, »Mauldäschle« zuzubereiten, dann unterstreicht die Präsenz dieses Büchleins die lange zurückreichende Tradition des Gerichts.

Schorsch ist gerade dabei, ein schön durchwachsenes Stück vom Limpurger Weideochsen in grobe Stücke zu schneiden – »das bringt Stabilität für die Füllmasse und natürlich einen tollen Geschmack für die Brühe«. Es folgt ein Stück Landschweinefleisch und ein Rest vom Sonntags-Kalbsbraten.

Je nach Region und Familienrezept sind verschiedene Fleischsorten immer Hauptbestandteil der »Mauli«-Füllung, »ich tendiere zu halb/halb Schwein/Rind bzw. zum Rind«, erzählt Schorsch, während er das letzte Stückchen Braten zersäbelt. Manche geben auch Kalbsbrät dazu, aber das »isch net mei Ding«, sagt er, das mache die Füllung so »bratwurschtmäßig«. Dafür fällt ihm ein, dass vom Vortag noch ein Stückchen Bioschweinespeck übrig ist. »Ein Traum«, schwärmt er, »das gibt der Maultasche den Festtagscharakter.«

Nun werden Brötchen eingeweicht, in Wasser oder in Milch – »schwäbisch isch in Wasser, weil des isch billiger«. Am liebsten verwendet Schorsch Milchbrötchen, am besten drei Tage alte, »dann sind sie perfekt, haben noch Feuchtigkeit, das gibt eine schöne Bindung«. Inzwischen schmurgeln klein geschnittene Zwiebeln und Knoblauch in einem Margarine-Sonnenblumenöl-Gemisch in der Pfanne, bis sie glasig-goldgelb sind. Dann kommen je nach Saison Wirsing oder Spinat dazu. Am Ende wird der Pfanneninhalt mit dem vorbereiteten Fleisch, Petersilie und den gut ausgedrückten Brötchen vermischt und nach dem Abkühlen nachgewürzt.

»Hm, das riecht man jetzt schon, dass es dann nachher auf'm Teller a richtig gute Mauldasch' gibt«, freut sich Schorsch. Dann schlägt er Eier in eine Schale und gießt sie durch ein Sieb zur Fleisch-Gemüse-Masse, damit nicht etwa ein Stückchen Eierschale in die Füllung gerät. Obwohl, merkt der Chef an, ein bisschen Eischale natürlich als ein Beweis gelten könne, dass die Maultasche hausgemacht sei.

„Eigentlich isch des a Wissaschaft."

Die Masse wird noch einmal kräftig durchgemischt und anschließend »auf nicht zu feiner Stufe« durch den Fleischwolf gedreht. »Eigentlich isch des a Wissaschaft«, merkt Schorsch an, während er aus einer Handvoll Füllung ein »Probefleischküchle« brät. Die Feinheiten der »Mauli«-Zubereitung hat er von Oma und Mutter übernommen, er trägt die Tradition weiter.

Nun gehts ans Teigmachen. Schorsch folgt dem alten Rezept seiner Mutter, das »mindestens bis zur Uroma« zurückgeht und nimmt je zur Hälfte Hartweizengrieß und normales 405er- oder 550er-Weizenmehl, Eier und Meersalz aus Sizilien, nicht nur, weil sich damit elegant ein Bogen auf die Mittelmeerinsel und Wiege der Pastakultur und deren einstmaligen König, den Staufer Friedrich II., schlagen lässt.

Der fertige Teig muss vor der Weiterverarbeitung gut eine halbe Stunde ruhen. Danach gibt der Küchenchef ihn portionsweise in die Nudelmaschine, aus der dann lange Teigbahnen kommen.

Inzwischen ist das Probefleischküchle fertig gebraten und der Duft erinnert Schorsch an seine Kindheit: »Wenn du hoimkommsch aus d'r Schul und da lieget die lauwarme Mauldascha in d'r Küch, dann fängsch du scho zum Essa an«. Lauwarm seien sie ja eigentlich am besten. »Meine Mutter hat sie meistens am Abend gemacht, und dann bin ich heimgekommen und später der Vater von der Sitzung – und irgendwann in der Früh waren alle gegessen«.

Nun wird es ernst. Schorsch bepinselt einen Teigstreifen mit verquirltem Ei – aber nicht zu sehr über den Rand hinaus, damit die

Maultaschen – die schwäbische Version eines weltweiten Erfolgsrezepts.

Teigbahn nicht am Untergrund festklebt. Nun kann man die Füllung entweder mittels Spritzsack auf den Teig bringen oder mit einem Löffel Häufchen aufreihen. Dann wird der Teig über die Füllung geklappt. Mit beiden Händen drückt Schorsch ein wenig, um die Luft herauszubekommen, und presst anschließend die Handkanten im Abstand von rund zehn Zentimetern auf die Teigrolle – »jetzt entsteht die Maultasche«. Wenn die Luft noch nicht komplett entwichen ist, kann man auch feine Löcher in den Teig stechen.

»Wenn man da jetzt nachdenkt, und guckt sich diese große gefüllte Nudel an und überlegt sich mal, woher die Maultasche kommen könnte …«, sinniert Schorsch, nimmt ein Messer und schneidet ein paar, etwa 12 cm lange Stücke ab – »… wenn man die jetzt in eine Kokotte legen und mit Tomatensauce übergießen würde, dann hätte man Cannelloni.« Was für ihn eindeutig die Entstehungslegende mit den Maulbronner Klosterbrüdern widerlegt.

»Die Maultasche, denk' ich, hat ihren Zug über Asien gemacht, ganz sicher, wenn man da die ganze Geschichte zurückverfolgt und guckt, was die in China alles in Teig einpacken,« mutmaßt Schorsch, »ich bin überzeugt, selbst die alten Römer haben schon irgendwelche gefüllten Nudeltaschen gehabt.« *Maultaschen* seien eben die schwäbische Version.

Nun schneidet Schorsch mit einem Teig»rädle« die flachgedrückten Teigstellen durch, danach »kommt noch die Handarbeit«: Bei jeder einzelnen Tasche müssen die beiden Teigenden gut zusammengedrückt werden, damit später beim Kochen keine Füllung austritt.

Inzwischen kocht das Wasser in einem großen Topf. Wichtig ist es, dass der Topf ausreichend viel Wasser fasst und dieses ordentlich gesalzen wird, damit das fertige Kochgut nicht ausgelaugt schmeckt, »wär' doch schade, wenn das Wasser dann am Ende nach Maultasche schmeckt und die Maultasche nach Wasser«.

»Ab ins Wasser« mit den *Maultaschen*, da sehe man gleich, ob man ordentlich gearbeitet und die Teigenden fest verschlossen hat. Bleiben sie zu oder »fahren sie aus der Haut«? Im Topf brodelt es kräftig. »Jetzt müssen wir sie sich selbst überlassen, jetzt hemmer koin Einfluss meh' druff«, lacht Schorsch. Nur von Zeit zu Zeit rührt er vorsichtig um, falls sich welche auf dem Topfboden festgesetzt haben; das könne vor allem passieren, wenn das Wasser nicht genügend kocht.

Jetzt heißt es warten, bis sie hochsteigen – »das ist der Punkt, wo sie alle rauswollen, das ist wie bei den Kaulquappen«. Der richtige Zeitpunkt ist wichtig, die *Maultaschen* müssen rechtzeitig aus dem Wasser, damit der Teig nicht verkocht und die *Maultaschen* »lätschig« werden. Und am besten isst man sie gleich, lacht Schorsch und beißt herzhaft von einer lauwarmen *Maultasche* ab.

Nun zeigt uns Schorsch noch, wie seine Mutter und Großmutter seinerzeit die *Maultaschen* auf althergebrachte Weise herstellten – ohne Nudelmaschine. Mit Hilfe eines Wellholzes wird ein Stück Teig dünn ausgerollt. Dass der manchmal an der Arbeitsplatte kleben bleibt, »das ist auch den Omas passiert«. Der ausgerollte Teig hat die Form eines Ovals, früher habe man aus den Seitenstücken einfach Nudelfleck abgeschnitten und zum Beispiel mit Schinken und Zwiebeln aus der Pfanne serviert, »Salat dazu, ein schönes Abendessen«.

„Die hosch em Maul, ruckzuck, ein Griff zur Mauldasch ond weg isch se."

Mit einem kleinen Besen wird das Mehl vom Teig gebürstet, sonst klebt das Eigelb schlecht und ins Kochwasser darf zudem nicht zu viel Mehl gelangen. Der händisch ausgerollte Teig ist einen Hauch dicker als jener aus der Nudelmaschine. Nun kommt der Moment, »wo die Maultasch wirklich zur Maultasch wird«. Mit einem Metallring sticht Schorsch kreisrunde Stücke aus, während er historisch-kulinarische Bögen spannt – »da kommen wir in den Bereich Schlutzkrapfen, also in eine ganz andere Landschaft und Geschichte«. Natürlich könne man die gefüllten Teigstücke auch zu Halbkreisen zusammenklappen; oder in entsprechenden Abständen Füllungshäufchen auftragen, den Teig darüberklappen, mit dem Teigrad durchschneiden und die Ränder modellieren. »Die mog i ganz arg, des isch a richtige Maultasch«, freut sich der Meister, »die hosch im Maul, ruckzuck, ein Griff zur Maultasch ond weg isch se.«

MAULTASCHEN

Georg „Schorsch" Barta, Küchenchef und Inhaber der schwäbischen Gaststätte „Ochsen" in Diefenbach

DIE MENGE ERGIBT CA. 20 STÜCK – DAS REICHT LAUT GEORG BARTA »FÜR ACHT NICHTSCHWABEN UND CA. SECHS SCHWABEN«

TEIG

250g Weizenmehl, Type 405 oder 550
250g Hartweizengrieß
4–5 Eier, je nach Größe
Meersalz, Wasser

FÜLLUNG

4 Zwiebeln, geschält
1–2 Knoblauchzehen, geschält
etwas Butter oder Margarine und Sonnenblumenöl
400g Blattspinat und/oder Wirsing, geputzt und feingehackt
3–5 Bund Petersilie, Blätter feingehackt
Salz und weißer Pfeffer, frisch gemahlen
200 g gemischtes Fleisch, am besten magerer Rinderhals, magerer Bauch vom Schwein, je nach Vorrat und Gusto ein Rest vom Sonntagsbraten und ein Stückchen guter Speck
2 Brötchen vom Vortag, bevorzugt Milchweckle, in Wasser oder Milch eingeweicht
2–3 Eier für die Füllung
Lauch, in ganz feine Röllchen geschnitten
ca. 3 Eier, verquirlt, zum Bestreichen der Teigränder (fürs »Zusammenbäppen«)

Für den Teig Mehl und Hartweizengrieß gut vermischen. Dazu vier Eier geben, falls sie klein sind, noch ein Eigelb hinzufügen. Salz und je Ei eine halbe Eischale voll Wasser dazugeben. Alles in der Küchenmaschine gut durchkneten, der fertige Teig soll locker und weich sein. Den Teig mindestens eine halbe Stunde ruhen lassen. Wichtig ist, dass der Nudelteig vor der Weiterverarbeitung Zimmertemperatur hat; wenn er zu kalt ist, bricht er.

Für die Füllung Zwiebeln fein schneiden, Knoblauch fein hacken. Beides in Butter und Sonnenblumenöl goldgelb anschwitzen. Gemüse und Petersilie dazugeben, kurz mitbraten und würzen.

Das in grobe Stücke geschnittene Fleisch und die gut ausgedrückten Brötchen mit dem Pfanneninhalt in eine Schüssel geben, gut durchmischen und abkühlen lassen, eventuell nachwürzen. Je weniger Brötchen man verwendet, desto fester wird die Füllung.

In einer Schale die Eier aufschlagen, gut verrühren und unter die Fleischmasse mischen. Anschließend alles auf nicht zu feiner Stufe durch den Fleischwolf lassen, danach die Lauchröllchen einarbeiten. Wer den Geschmack der Füllung vor der Weiterverarbeitung kontrollieren will – oder bei der Arbeit schon ein bisschen hungrig geworden ist –, brät nun ein »Probefleischküchle«. Falls die Füllung nicht gleich weiterverarbeitet wird, auch die Lauchröllchen in der Zwiebel-Knoblauch-Mischung vorgaren.

Für die eigentliche Maultaschen-Herstellung den Teig hauchdünn auswellen, mit dem Nudelholz oder in einer Nudelmaschine. Teigbahnen der Reihe nach auf eine bemehlte Arbeitsfläche legen und die Ränder mit verquirltem Ei bepinseln. Mit einem Spritzsack die Füllung der Länge nach auf einer Seite des Teigs auftragen, die andere Seite darüberklappen und die so entstandene Teigrolle mit der Hand in rund 12 cm Abstand eindrücken. Dann mit einem Teigrad durchschneiden und die Teigenden gut zusammendrücken. Alternativ kann man mit einem Löffel Füllungshäufchen in entsprechendem Abstand auf den Teig setzen, diesen umklappen und Maultaschen ausstechen. Oder man sticht runde Teigscheiben aus, belegt sie mit Füllung und klappt sie zu einem Halbkreis zusammen.

Nun die Maultaschen ins kochende Wasser einlegen. Wichtig ist ein ausreichend großer Topf mit genügend Wasser, das ordentlich gesalzen werden muss, damit die Maultaschen nicht auslaugen. Zwischendurch vorsichtig umrühren, sie könnten sonst auf dem Topfboden kleben bleiben. Man kann auch mit einem Brühwürfel würzen oder die Maultaschen gleich in einer guten, hausgemachten Fleischbrühe kochen. Sobald sie an die Oberfläche steigen, müssen die Maultaschen noch ein wenig ziehen, keinesfalls darf man sie zu lange kochen.

Die fertigen Maultaschen werden je nach Geschmack in der Suppe oder mit »schlonzigem« Kartoffelsalat serviert oder sie werden mit in Butter goldgelb gebratenen Zwiebeln gereicht oder mit Käse überbacken.

KÄRNTNER NUDEL

ÖSTERREICH / KÄRNTEN

Die Nudel, die eine Tasche ist

Der Name Kärntner „Nudel" mag verwirren, handelt es sich doch um eier- bis faustgroße Teigtaschen, deren Ränder je nach Region, Zubereitungsart und Rezept „gekrendlt" oder einfach „ausgeradelt" werden. In manchen Gegenden Oberkärntens, wie etwa im oberen Drautal oder im Gailtal (und auch im benachbarten Slowenien) werden sie Krapfen genannt, obwohl darunter eigentlich ein in Fett ausgebackenes rundes Hefeteigküchlein, gefüllt mit Marmelade oder Vanillecreme, verstanden wird.

Manche Gastrohistoriker sind der Meinung, dass die Teigtaschen in früheren Zeiten einfach *Käskrapfen* hießen und der Name *Kasnudel* jüngeren Datums ist. Einigkeit besteht bei der Hauptzutat für die Fülle (Füllung) der klassischen *Kärntner Nudel:* Quark (Topfen). Aber schon bei der Frage, ob dazu nun Kartoffeln, Hirse oder Semmelbrösel kommen und ob Petersilie, Kerbel oder unbedingt Minze hineingehören, scheiden sich die Geister.

Für die einen ist die Kärntner Minze, auch Braune Minze oder Nudelminze genannt, eine essenzielle Zutat für die Nationalspeise dieses österreichischen Bundeslandes. Andere schüttelt es beim Gedanken an dieses Kräutlein. Der aus der Heimat der *Kasnudel* stammende Gourmetjournalist Klaus Kamolz etwa erinnert sich, dass man ihn als Kind hätte »eher verprügeln, enterben und verhungern lassen können, als dass ich bereit gewesen wäre, mich mit meinem unreifen Gaumen der Kombination aus Topfen und Minze auszusetzen«.

Auch die vielfach ausgezeichnete Küchenchefin Sissy Sonnleitner in Kötschach-Mauthen, nahe der Grenze zu Italien, kann der Minze als Zutat wenig abgewinnen und verwendet stattdessen lieber Lauch und etwas Zwiebeln für die Kasnudelfülle.

In Oberdrauburg und im nahen Ost- und Südtirol sei die Verwendung von Minze nicht so gebräuchlich, erzählen die Experten vom Kärntnernudelverein, erst von Spittal an der Drau hinüber Richtung Villach und Klagenfurt werde sie häufig verwendet.

Abseits der »klassischen Version« gibt es die »Nudeln« mit Faschiertem (Hackfleisch) gefüllt, mit Pilzen und Spinat, mit Speck oder Rohnen (Rote Bete) oder als süße Version mit Kletzen (Dörrbirnen), Kirschen oder Kestnpüree (Kastanien) gefüllt. Bei Speck-, Kas- oder Fleischnudeln verrät der Name auch gleich die wichtigste Zutat. Womit jedoch Sterznudeln (Polenta) gefüllt sind und was sich im Inneren einer Holzknechtnudel (Polenta, Käse und Speck), einer Spezialität des Oberdrauburger Kärntnernudelvereins, verbirgt, wissen nur Eingeweihte.

Und wie bei vielen Traditionsgerichten ist die Rezeptur von Tal zu Tal, von Dorf zu Dorf und von Familie zu Familie verschieden, hier hat jeder das »wahre« Originalrezept. Gemeinsam ist allen Kärntner-Nudel-Varianten: Sie werden in Salzwasser gekocht und dann je nach Region und Gusto mit brauner Butter, in Butter gerösteten Bröseln, Schmalz oder Griebenschmalz serviert, die süßen Versionen mit Zucker und/oder Butterbröseln.

Der Ursprung der Kärntner Nudel

Das alljährliche Kärntnernudelfest rund um die traditionsreiche Teigtaschenspezialität lockt zahlreiche Besucher nach Oberdrauburg.

Österreichs für die Landwirtschaft zuständiges Ministeriums datiert im »Katalog der traditionellen Lebensmittel« die erste urkundliche Erwähnung der *Kärntner Nudel* gegen Ende des Mittelalters, um das Jahr 1485: Damals habe ein gewisser Paolo Santonino, Sekretär des Patriarchen von Aquileia, über seine Reisen durch das Drautal berichtet und in diesem Zusammenhang die von »fleißzigen Frawen gefertigten Teigwerke mit schmackhaftem Inhalte« erwähnt.

Obwohl daher so mancher Oberkärntner den Ursprung der *Kärntner Nudel* für seinen Landstrich reklamiert, gilt es doch als wesentlich wahrscheinlicher, dass die Idee, Quark, Kartoffeln und Kräuter in einen Nudelteig zu packen, ihren Ursprung in den bäuerlichen Küchen der gesamten Region hatte. Die Karnische Küche basiert von ihren Ursprüngen her auf den Grundprodukten kleiner Landwirtschaften mit Milchkühen und Feldern, eine schlichte bäuerliche Küche, für die Getreide, Käse und Kräuter verarbeitet wurden, denn Fleisch war rar.

Oberdrauburg lag – ebenso wie Kötschach-Mauthen, wo mit Küchenchefin Sissy Sonnleitner die Pionierin der modernen karnischen Küche im Dreiländereck Kärnten-Italien-Slowenien zu Hause ist – an der alten Römerstraße Julia Augusta, die von Aquileia ins Drautal führte.

In jedem Bauernhaus gab es früher eine spezielle Nudelschüssel.

»In jedem Bauernhaus gab es früher eine spezielle Nudelschüssel, die aus einem einzigen Stück Holz gedrechselt war«, berichtete der renommierte, 2010 verstorbene österreichische Gastrokritiker, Buchautor und Gastrosoph Christoph Wagner. In der Mitte dieser Schüsseln war eine »Schmalztumpf« genannte Vertiefung, »in welche das Schmalz für die Nudeln gegossen wurde«. Aus dieser Schüssel wurde gemeinsam gegessen, wobei man die einzelne *Nudel* »nach Herzenslust ins Schmalz« tunkte. Das schmeckte gut und lieferte für die schwer arbeitenden Bauersleute die nötigen Kalorien. »Der Bua, der sei Diendle pán Tanzen net halst, is grad wie die Päurin, dö die Nudl net schmalzt«, lautet ein alter Kärntner Spruch – frei übersetzt: Als junger Mann sein Mädel beim Tanzen nicht zu umarmen (damit kann aber auch küssen gemeint sein), ist mindestens ebenso verwerflich wie eine Bäuerin, die bei der Kasnudelzubereitung mit Schmalz geizt.

Das Oberdrauburger Kärntnernudelfest

In den 1960er-Jahren galten *Kasnudeln* oft als hoffnungslos altmodisches Gericht von Oma und Opa, als Relikt längst überholter Essgewohnheiten. Dementsprechend lieblos und nachlässig wurde das Gericht in vielen Gaststätten behandelt. »Ich hab jahrelang nirgendwo welche gegessen, weil man zum Teil sehr schlechte Qualität bekommen hat«, erinnert sich Sissy Sonnleitner. Das hat sich nicht zuletzt dank des allgemeinen Trends zu Regionalität, naturbelassenen Produkten aus der Umgebung und der Rückbesinnung auf alte Rezepte stark geändert und somit die *Kärntner Nudel* wieder in den kulinarischen Fokus gerückt. Das Revival tut auch der Qualität gut. Ein altes Bauerngericht ist »wieder in Mode gekommen, wie man so schön sagt«, freut man sich beim Oberdrauburger Kärntnernudelverein (www.kaerntnernudel.at). Der wurde 2002 gegründet, um die kulinarische Tradition zu pflegen, und veranstaltet seither alljährlich am ersten Augustwochenende ein eigenes Kärntnernudelfest. Entlang der Hauptstraße des mittelalterlichen Ortskerns von

Ein Bauerngericht kommt wieder in Mode.

Zwischen Essens- und Getränkeständen wird in den Straßen der malerischen Marktgemeinde stilgerecht ohne Verstärker musiziert.

Oberdrauburg reihen sich dann Tisch an Tisch und Kiosk an Kiosk, dazwischen werden in improvisierten Freiluftküchen in riesigen Töpfen von früh bis spät *Kärntner Nudeln* in kochendem Wasser gegart und mit Butter, Schmalz, Kartoffelsalat oder Sauerkraut serviert. Alljährlich kommen 5 000 bis 6 000 Besucher, viele davon aus dem angrenzenden Ausland.

Das Kärntnernudelfest ist ein großes kulinarisches Volksfest, für das rund 20 Nudelköchinnen und viele freiwillige Helfer das ganze Jahr über arbeiten. Meist treffen sie sich in kleinen Gruppen zweimal pro Woche, dann wird Teig geknetet, gefüllt und gekrendlt, wie die spezielle Art, die Teigränder zu verschließen, heißt. Hergestellt werden verschiedene Sorten, die Auswahl reicht von der »Original Kärntner Kasnudel« über Spinatnudeln, mit Selch- (Rauch-) und Rindfleisch gefüllte »Highländer« bis zu Kletzennudeln mit Quark und Preiselbeeren.

Alle Nudelsorten werden ausschließlich aus regionalen Produkten der eigenen Landwirtschaft bzw. von Bauern aus der Umgebung in Handarbeit hergestellt – rund 25 000 Stück pro Jahr –, vakuumiert und tiefgefroren das ganze Jahr über auf Bestellung ab Hof verkauft. Der Großteil wird aber während des Kärntnernudelfestes gegessen. Die berühmten Kärntner Teigtaschen lassen sich gut einfrieren, aber natürlich bestehen Puristen darauf, sie jeweils frisch zuzubereiten und gleich zu genießen.

Ein Ort im Ausnahmezustand zu Ehren einer wiederentdeckten Genusstradition.

Das Krendln

Mit der Wiederentdeckung der *Kärntner Nudel* als Paradebeispiel naturbelassener regionaler Küche steht außerdem das Krendln wieder hoch im Kurs: Um das kunstfertige Ineinanderfalten und Verschließen der Teigränder wird ein regelrechter Kult gemacht – als nostalgisches Stück Volkskultur und heutzutage zum Glück nicht mehr als patriarchale Drohung an junge Frauen, dass sie keinen Ehemann bekämen, wenn sie nicht ordentlich krendln könnten: »A Dirndl, dos nit krendln kon, kriagt kan Monn«, lautet ein berühmter Spruch.

So ist auch Sissy Sonnleitners Krendlkurs samt »Heiratszertifikat« ein bisschen augenzwinkernd gemeint. Die Pionierin der modernen Alpen-Adria-Küche in Kötschach-Mauthen und Meisterin der kulinarischen Synthese zwischen »karnischer Bodenständigkeit und mediterranem Temperament« gibt ihr Wissen gerne weiter. In ihren Kursen mühen sich weibliche wie männliche Teilnehmer konzentriert mit dem Fälteln der Kärntner-Nudel-Teigkanten ab. Dabei sieht, was Profi Sissy Sonnleitner vormacht, gar nicht so schwer aus: Ein Stück Teig wird in der Handfläche plattgedrückt, mit ein wenig Fülle belegt und nun zieht die freie Hand die Teigränder vorsichtig hoch und zusammen. Dann wird jeweils mit Daumen und Zeigefinger ein Eckchen Teig umgeschlagen und auf den unteren Rand gedrückt; auf die so entstandene Falte folgt die nächste und so fort, bis sich die gesamte *Kärntner Nudel* um die Fülle geschlossen hat. Rundherum ist ein Zierrand entstanden, der je nach Fingerfertigkeit und Übung mehr oder weniger hübsch aussieht. Anschließend werden die Beweisstücke der unterschiedlich geschickten Krendler gekocht und zusammen mit einem Gläschen Wein vernichtet. Das Zertifikat gibt's in jedem Fall.

„A Dirndl, dos nit krendln kon, kriagt kan Monn."

Doch nicht überall in Kärnten ist das Krendln üblich. In Unterkärnten etwa werden die *Kasnudeln* ähnlich wie die *Ravioli* im nahen Italien gemacht: Auf eine Teigbahn setzt man in entsprechendem Abstand Häufchen mit Fülle, dann wird eine zweite Teigbahn darübergelegt und die einzelnen *Nudeln* werden ausgerädelt oder ausgestochen.

Profi Sissy Sonnleitner (im Bild rechts) prüft in einem ihrer Kurse, ob der Teigrand auch ordentlich gekrendlt ist.

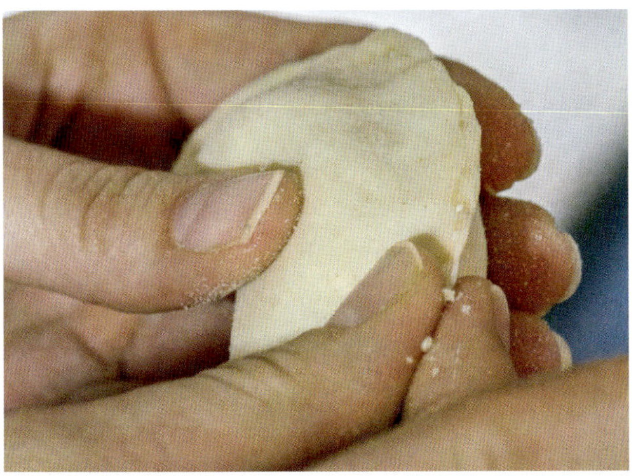

„100 000 Originalrezepte“

INTERVIEW MIT SISSY UND STEFANIE SONNLEITNER, DIE LANDHAUS, RESTAURANT UND GENUSSWERKSTATT IN KÖTSCHACH-MAUTHEN/KÄRNTEN BETREIBEN.

Gibt es »das« Rezept für Kärntner Nudeln?

Sissy Sonnleitner: Es hat jede Familie ein ganz eigenes Rezept und jeder hat das »Original« – so gesehen haben wir ein paar 100 000 Originalrezepte. Aber es gibt natürlich sehr viele Unterschiede, die einen machen es mit Topfen[5], die anderen ohne, und bei den Füllungen sind Variationen ohne Ende möglich. Aber so richtig klassisch ist eben Erdäpfel[6]/Topfen, Erdäpfel/Räucherschotten[7] oder Topfen/Hirse; diese ganz einfachen Grundprodukte sind das Ausgangsmaterial.

Und die wichtigsten Zutaten für das Sonnleitnersche Familienrezept?

Sonnleitner: Die ganz klassischen *Kärntner Nudeln* bei uns sind die mit Erdäpfeln und Bröseltopfen[8] in etwa zu gleichen Teilen, gerösteter Zwiebel, Lauch und Kerbel, der in Kärnten »Keferfil« heißt. Ich bin jetzt mutig und sage, wir haben keine Minze drinnen. Denn das ist fast undenkbar, die Braune Nudelminze gehört natürlich in die *Kärntner Nudeln* hinein. Wir haben sie nicht drinnen, weil ich sie nicht mag. Der Teig ist ganz einfach – nur Mehl und Wasser, das ist ganz typisch für das Sonnleitner-Hausrezept. Und dann viel Hingabe – und nicht zu wenig Butter.

Wurde das Rezept in Ihrer Familie mündlich überliefert oder gibt es ein handgeschriebenes, zum Beispiel von der Mutter oder Großmutter?

Sonnleitner: Bis zu meiner Mutter wurde es mündlich überliefert. Nachdem ich dann mein erstes Kochbuch geschrieben hab, hab ich meine

5 Quark

6 Kartoffeln

7 Ein geräucherter Molkefrischkäse, der dem italienischen Ricotta affumicata ähnelt.

8 sehr trockener Quark mit körniger Konsistenz

Mutter, die mir die Rezepte auch nur mündlich liefern wollte, genötigt und gequält und gesagt, so, jetzt nimmst eine Waage und wiegst ab und seither haben wir's verschriftlicht. Meine Kinder haben das Kochen von mir gelernt, oder nein, eigentlich mehr von der Oma.

In Ihrer Küche spielen zudem Aspekte der Traditionellen Chinesischen Medizin (TCM) sowie der Fünf-Elemente-Ernährung eine Rolle. Auch die chinesische Küche kennt verschiedenste Teigtaschen...

Sonnleitner: TCM ist ein Aspekt, den unsere Tochter Stefanie eingebracht hat und mit dem wir uns dann sehr intensiv auseinandergesetzt haben. Spannend ist, dass dieses Konzept 3 000 Jahre alt ist, und unsere moderne Ernährungswissenschaft gerade einmal rund 150 Jahre. Aber ich denke, Nudeln oder gefüllte Teigtaschen sind einfach zu allen Zeiten attraktiv gewesen, weil man sie sehr einfach, sehr sparsam und trotzdem mit einer großen Hingabe kochen kann. Man kann ja praktisch alles einfüllen, man kann seine ganze Zuwendung hineinstecken und so sind gefüllte Nudeln eine ganz logische Entwicklung in der Ernährung.

Stefanie Sonnleitner: Gemeinsam haben wir begonnen, darüber nachzudenken, wie wir weitergehen wollen, und die Fünf-Elemente-Küche war da eben ein Weg, den wir uns anschauen wollten. Aber wir haben uns entschieden, es nicht in strikter Form zu machen, sondern Regeln und Tipps daraus anzuwenden, die ohne große Erklärungen umzusetzen sind. Ein Punkt daraus ist zum Beispiel die speziell saisonale und regionale Küche, auf die wir Wert legen. Aber klassische Sachen – wie *Kärntner Nudeln* – gehören auch klassisch gemacht, deshalb ergibt eine Fünf-Elemente-Version davon meiner Meinung nach keinen Sinn.

Haben Sie schon einmal überlegt, Kärntner Nudeln modern zu interpretieren?

Sissy Sonnleitner: Das haben wir eigentlich immer gemacht, zur Zeit meiner Mutter hat's so vier, fünf Sorten gegeben, jetzt füllt man eigentlich, so wie in die Ravioli, alles Mögliche hinein. Wir haben zum Beispiel einmal zu Silvester eine Ricotta-Zitronen-Nudel mit einem Fischsugo und Saiblingskaviar auf der Karte gehabt, das war eine Neuinterpretation, eine für diesen Anlass sehr passende Kombination – auf der einen Seite sehr traditionell, und andererseits von den Zutaten her sehr innovativ.

Wie sieht die Sache historisch aus? Die Kärntner Marktgemeinde Oberdrauburg etwa reklamiert für sich, dass die erste urkundliche Erwähnung der Kasnudel von dort stammt.

Sonnleitner: Oberdrauburg liegt ja wie Kötschach-Mauthen an der Via Julia Augusta, einer uralten römischen Handelsstraße. Und da hat's natürlich immer viel Austausch gegeben – an Rezepten, Lebensmitteln, Menschen, und möglicherweise ist das in Oberdrauburg eben gut dokumentiert worden.

Hat sich der Stellenwert der Kärntner Nudel in der Landesküche im Laufe der Jahre verändert?

Sonnleitner: Im Moment ist das Interesse sehr groß, und ich stelle mit großer Freude fest, dass sich die Qualität sehr stark verbessert hat. Es ist ja so, dass nur in Oberkärnten klassischerweise die Nudeln gekrendlt werden; also das ist dieser besondere Verschluss der Teighälften. Und das ist etwas, was jetzt sehr kultiviert und teilweise auch in Unterkärnten schon gemacht wird, weil das Krendln einfach eine Qualitätssteigerung ist. Im Moment erlebt das gewissermaßen wieder mal eine Hochblüte.

Sie sind eine Pionierin der Alpen-Adria-Küche, die schon vor Jahren das Dreiländereck Österreich/Slowenien/Italien als einen – auch kulinarisch – grenzüberschreitenden, gewachsenen Kulturraum verstand, ungeachtet politischer Landesgrenzen. Hat sich der wechselseitige Austausch in den letzten Jahren verstärkt?

Sonnleitner: Ich glaube, das hat sich in der Küche sehr verstärkt, wir haben gelernt, dass das ein interessanter Kulturraum ist und dass wir hier in Kärnten dadurch über den reichsten Warenkorb Österreichs verfügen.

KÄRNTNER NUDELN

Sissy & Stefanie Sonnleitner, Kötschach-Mauthen

ERGIBT CA. 24 STÜCK

TEIG
250 g Weizenmehl, Type 550, oder Weizendunst
100 ml kaltes Wasser

FÜLLUNG
400 g mehlig kochende Kartoffeln
100 g Lauch, 120 g Butter
3 EL Zwiebeln, gehackt
350 g Bröseltopfen (siehe Tipp)
2 EL Semmelbrösel
2 EL Sauerrahm
1–2 TL Kerbel, gehackt

Butter, zerlassen

Mehl mit Wasser zu einem festen Teig verkneten. In Folie wickeln und eine Stunde ruhen lassen.

Für die Füllung Kartoffeln schälen, in Salzwasser weich kochen und durch eine Kartoffelpresse drücken. Lauch in feine Streifen schneiden. Butter in einem Topf sanft erhitzen. Zwiebeln und Lauch darin goldgelb anschwitzen und mit den restlichen Zutaten unter die Kartoffelmasse mischen.

Teig nochmals durchkneten, in ca. 24 Stücke aufteilen. Ein Stück in der Handfläche plattdrücken, etwa eine esslöffelgroße Menge Füllung darauflegen und mit der freien Hand die Teigränder vorsichtig so weit hochziehen, bis der Teig die Füllung umschließt. Nun mit Daumen und Zeigefinger, in einer Teigecke beginnend, die Unterseite umschlagen und auf die Teigoberseite andrücken. Auf die so entstandene Falte folgt die nächste und so fort, bis die gesamte Kärntner Nudel geschlossen ist.

In einem großen Topf Wasser zum Kochen bringen und salzen. Kärntner Nudeln darin sanft köcheln lassen, vorsichtig umrühren, damit sie nicht am Topfboden kleben bleiben. Sobald die Teigtaschen oben schwimmen, noch etwa zwei Minuten kochen lassen, dann mit einem Schaumlöffel herausnehmen und mit geschmolzener Butter servieren.

TIPP
Wer keinen Bröseltopfen (sehr trockener Quark mit körniger Konsistenz) hat, verwendet für dieses Rezept normalen Quark und dafür nur 250 g Quark und 500 g Kartoffeln. Bei Bedarf können noch etwas mehr Semmelbrösel untergemischt werden.

VARIANTEN FÜR DIE FÜLLUNG

FÜLLUNG FÜR TOPFEN-HIRSE-NUDELN MIT GESCHMOLZENEN TOMATEN

100 g Hirse
2 EL Zwiebel, gehackt
250 g Bröseltopfen (siehe Tipp links)
Salz
½ Hand voll Basilikumblätter, gehackt
70 g Butter
3 EL Semmelbrösel
2 EL Sauerrahm

7 Tomaten, 4 EL Olivenöl
2 EL Schalotten, gehackt
1–2 Knoblauchzehen, geschält und fein gehackt
Salz

Butterschmalz
einige Basilikumblätter

Hirse in Salzwasser weichkochen und abseihen. Zwiebeln in Butter anschwitzen und mit den übrigen Zutaten der linken Spalte zu einer Füllung verarbeiten. Etwa eineinhalb Stunden ruhen lassen, damit die Masse gut abbindet. Bei Bedarf noch weitere Semmelbrösel hinzufügen. Dann wie im Grundrezept weiter verfahren.

Tomaten am Blütenansatz über kreuz einschneiden. Mit kochendem Wasser überbrühen, kalt abschrecken und die Haut abziehen. Stielansätze entfernen, Tomaten vierteln, entkernen und in kleine Würfel schneiden. Olivenöl erhitzen, Schalotten darin anschwitzen, Knoblauch hinzufügen und kurz durchrösten. Tomaten einrühren und gut einkochen lassen, mit Salz abschmecken.

Hirsenudeln mit heißem Butterschmalz, Tomaten und Basilikum servieren.

FÜLLUNG FÜR SÜSSE NUSSNUDELN MIT KLETZENOBERS

50 g Walnüsse, gemahlen
100 g Bröseltopfen (siehe Tipp links)
50 g brauner Zucker
1 EL Kuchen- oder Semmelbrösel
1 EL Sauerrahm
ca. 1 TL Zimtpulver
1 Prise Nelkenpulver
1 EL Rum oder Nusslikör

2–3 Dörrbirnen
ca. 50 ml Wasser
je 1 Prise Lebkuchengewürz und Zimtpulver
1 Schuss Rum

100 ml Sahne, steif geschlagen

Alle Zutaten in der linken Spalte für die Füllung verrühren, nach Bedarf mit Kuchen- oder Semmelbröseln binden. Wie im Grundrezept weiter verfahren.

Dörrbirnen in wenig Wasser weichkochen, bis kein Wasser mehr im Topf ist. Durch die feine Scheibe des Fleischwolfs treiben und mit Lebkuchengewürz, Zimt und Rum abschmecken. Das Kletzenpüree mit der Schlagsahne vermischen und zu den Nudeln servieren.

SCHLUTZKRAPFEN

ÖSTERREICH / TIROL

ITALIEN / ALTO ADIGE (SÜDTIROL)

Grenzgänger in luftigen Höhen

In der Küche des „Seiterhof" hat Küchenchef Herbert Kamelger alles für die Zubereitung der Schlutzkrapfen bereitgestellt. Der idyllische Landgasthof liegt auf 1 600 Metern hoch über Dobbiaco (Toblach) im Zentrum des Hochpustertals, knapp 30 Kilometer vom Wintersportort Cortina d'Ampezzo entfernt; rundherum Wiesen, dichter Wald und das eindrucksvolle Panorama der Dolomiten. Es gibt wohl wenige Orte, die geeigneter sind, sich den berühmten Schlutzkrapfen kulinarisch zu nähern.

Dieses Gericht der klassischen, bäuerlichen Tiroler Regionalküche hat ja angeblich im Pustertal (Val Pusteria), einem in Süd- und Osttirol gelegenen Alpental, seine Wurzeln. Der Name der *Schlutzkrapfen*, kurz *Schlutzer*, kommt von dem Dialektwort schlutzen oder schluzen, was so viel wie (aus) rutschen oder gleiten heißt. Schlutzig bedeutet schlüpfrig, schleimig (im Schwäbischen gibt es den vergleichbaren Ausdruck »schlonzig«) und angeblich schlürfte man diese meist halbkreisförmigen Teigtaschen in früheren Zeiten mehr, als dass man sie vor dem Essen zerteilte.

In manchen Gegenden, vor allem in Teilen des benachbarten Kärntens, heißen sie auch *Schlipf-* oder *Schlickkrapfen (Schlickkrapflan)*, manchmal *Schlierkrapfen*. Sie werden mit Fleischbrät oder Innereien gefüllt und oft in einer Suppe, teilweise mit Tomatensauce gegessen. Der Name könnte einfach vom mundartlichen Ausdruck schlicken oder »slikan« (schlucken) kommen.

Der Teig wird mit einer Mischung aus Roggen- und Weizenmehl zubereitet, die Füllung besteht klassisch aus Kalb- oder Rindfleisch oder Kartoffeln – letzteres vor allem in Osttirol, wo sie *Schlipfkrapfen* heißen – und in Südtirol aus Quark und Spinat, oft mit Muskatnuss gewürzt. Die Tiroler Küche kennt zudem Füllungen mit dem regionalen Graukäse, mit Rüben und Speck, Pilzen, Zwiebeln und Eiern, Ziegenkäse oder Grieben. Sehr typisch sind auch die mit Rohnen (Roter Bete) gefüllten *Schlutzer*, die vor dem Essen mit gemahlenem Mohn bestreut werden.

Die gefüllten Teighalbmonde werden in Salzwasser gekocht und je nach Region, Rezept und Geschmack mit heißem Schmalz oder brauner Butter und geriebenem Parmesan gegessen.

»Seiterhof«-Chef Herbert Kamelger (Foto oben) hat inzwischen Weizen- und Roggenmehl im Verhältnis zwei zu drei vermischt und mit Eiern und Wasser zu einem seidig-geschmeidigen Teig geknetet. »Manche mischen das Mehl halbe/halbe, aber wir haben das lieber so.« Und er gibt kein Salz in den Teig, weil der dadurch leichter zu verarbeiten sei.

Während der fertige Teig, in Frischhaltefolie verpackt, zum Ruhen in den Kühlschrank wandert, brät Kamelger in einer Gusseisenpfanne klein geschnittene Zwiebeln mit Butter goldgelb an und vermischt sie rasch mit Quark und gekochtem Spinat, dazu kommen Salz und Pfeffer, »man kann auch Knoblauch dazugeben, aber wir lassen ihn weg, weil viele Gäste das nicht wollen. Jeder macht die Fülle anders, mit mehr oder weniger Spinat, im Winter verwendet man statt Spinat hauptsächlich gekochte Kartoffeln, im Sommer Ricotta und Spinat oder Pilze«, erzählt Kamelger.

Nun ist es Zeit, den Teig auszuwellen und zu dünnen Bahnen auszutreiben; letzteres besorgt eine Nudelmaschine. Dann sticht Kamelger runde Scheiben aus, platziert auf jeder mit einem Löffel ein bisschen Füllung, bestreicht die Teigränder mit Wasser und klappt sie zusammen. Nun müssen die Ränder jedes einzelnen *Schlutzkrapfens* sorgfältig verschlossen (»gepitscht«) werden. Die fertigen *Schlutzkrapfen* werden in Salzwasser geköchelt – so lange, bis sie aufsteigen und schwimmen.

Schlutzkrapfen sind »ein echtes Bauerngericht, das früher so zwei- bis dreimal in der Woche auf den Tisch kam«, erzählt Kamelger, »auf den Höfen haben das Pitschen, die Teigenden zu einem hübschen Rand zusammenzudrücken, meist die Mägde gemacht, dieses ‚Zusammenwuzeln' des Teiges ist ja die meiste Arbeit.« Die bereits im 16. Jahrhundert erwähnten »Lappenküchlein« gelten als Vorläufer der *Schlutzkrapfen* und Ende des 17. Jahrhunderts taucht ein Rezept für »Schlickkräpffel« auf.

Früher, auf den Bauernhöfen, wurden die *Schlutzer* mittags gekocht und gegessen, erinnert sich Kamelger, die Reste habe man dann abends in der Pfanne angeröstet, eventuell ein paar Eier dazugeschlagen und schon war das Abendessen fertig.

Auch die *Schlutzkrapfen* von Herbert Kamelger sind inzwischen fertig. Mit einem Schaumlöffel fischt sie der »Seiterhof«-Chef aus dem Topf und legt sie auf vorgewärmte Teller. Die in einer kleinen Pfanne zerlassene frische Almbutter vollendet nun gemeinsam mit frisch geriebenem Parmesan die dampfenden *Schlutzer*.

SCHLUTZKRAPFEN

Herbert Kamelger, Seiterhof, Dobbiaco (Toblach)

FÜR 4 PORTIONEN

TEIG

150 g Roggenmehl, Type 815 oder 997
100 g Weizenmehl
1 Ei
50 ml Wasser

FÜLLUNG

50 g Zwiebeln, geschält und fein geschnitten
Butter
100 g Quark
150 g Spinat, gekocht und gehackt
etwas Knoblauch, durchgepresst, nach Geschmack
Salz
schwarzer Pfeffer, frisch gemahlen
Butter
Parmesan, frisch gerieben

Mehl, Ei und Wasser zügig zu einem geschmeidigen Teig kneten. Dann in Frischhaltefolie einwickeln und etwa eine Stunde im Kühlschrank ruhen lassen.

Zwiebeln in Butter goldgelb anschwitzen, mit Quark und Spinat – und je nach Gusto mit Knoblauch – vermischen. Salzen und pfeffern, kurz abkühlen lassen.

Den Teig auswellen und mit der Nudelmaschine dünne Teigbahnen walzen. Jeweils eine davon auf eine bemehlte Arbeitsfläche legen, Scheiben von 8–10 cm Durchmesser ausstechen und in deren Mitte jeweils einen Löffel Füllung geben. Den Teigrand mit Wasser bestreichen und jedes Blatt in der Mitte zusammenklappen. Die Ränder der nun entstandenen Halbmonde gut verschließen.

Einen ausreichend großen Topf mit leicht gesalzenem Wasser füllen. Zum Kochen bringen und die Schlutzkrapfen darin sanft köcheln lassen, bis sie aufsteigen und an der Oberfläche schwimmen.

Die fertigen Teigtaschen aus dem Wasser heben, auf vorgewärmten Tellern mit einer guten Menge zerlassener Butter, frisch geriebenem Parmesan und Pfeffer aus der Mühle servieren.

TORTELLINI, TORTELLONI + RAVIOLI

ITALIEN

Zwischen Liebesknoten und Bauchnabel

Zwei Orte wetteifern darum, die berühmten ringförmigen Teigtäschchen erfunden zu haben: das mittelalterliche Dorf Valeggio sul Mincio südlich des Gardasees und das malerische Städtchen Castelfranco Emilia zwischen Bologna und Modena. Beide Orte veranstalten Feste zu Ehren der Tortellini, was wörtlich übersetzt eigentlich „Törtchen" bedeutet.

Von der kulinarischen Tradition her hat Castelfranco in puncto Teigtaschen die Nase vorne, liegt es doch genau im Herzen der Region Emilia Romagna, die als Heimat der *Tortellini* gilt. »Wir sind gleichsam die Wiege der *Tortellini*«, erzählt Giovanni Degli Angeli, Präsident der Vereinigung San Nicola, die sich um Erbe und Tradition dieser Teigtaschenspezialität kümmert. Herzstück der Verbandsarbeit ist die *Sagra del Tortellino*, ein zu Ehren der *Tortellini* organisiertes Fest, das alljährlich im September eine Woche lang scharenweise in- und ausländische Gäste anlockt. Der temperamentvolle Gianni Degli Angeli, genannt »Il furbo con il turbo« (»Der Schlaue mit dem Turbo«) ist Motor und Ideenlieferant für das Spektakel, das er gemeinsam mit vielen Freiwilligen umsetzt. Höhepunkt ist der festliche, liebevoll choreografierte Umzug in historischen Kostümen durch die Hauptstraße der Stadt und die anschließende Theateraufführung: Auf der Open-Air-Bühne wird die »Geburt« der *Tortellini* dargestellt – die Geschichte geht ungefähr so: Die schöne Göttin Venus, ermattet vom Kampf mit Mars, kehrt in einem Gasthof ein, um sich auszuruhen und anschließend mit Göttervater Jupiter zu treffen. Während sie sich in ihrem Zimmer frischmacht, späht der Wirt durch das Schlüsselloch und ist so entzückt vom entblößten Nabel der schönen Dame, dass er, zurück in der Küche, noch ganz in Gedanken an den Anblick der Venus Teigtaschen fabriziert, deren Form an einen Nabel erinnert. Der *Tortellino* war geboren. »Se non è vero, è ben trovato«, sagt man in Italien, »wenn's nicht wahr ist, so ist's zumindest gut erfunden«. Castelfranco Emilia hat sogar ein eigenes *Tortellini*-Denkmal, das diese Entstehungslegende thematisiert.

Von einem der ältesten *Tortellini*-Rezepte berichtet die Foodbloggerin Petra Foede. Es stammt aus dem 16. Jahrhundert vom päpstlichen Leibkoch Bartolomeo Scappi, und beschreibt »Tortelletti«, die mit Pancetta (gepökeltem Bauchspeck, ähnlich unserem Frühstücksspeck),

Parmesan und Eiern gefüllt wurden. Als Würze dienten Safran, Zucker, Zimt und Muskat.

Die ganze Sagra-Woche lang sind *Tortellini* natürlich die Hauptdarsteller, serviert in *brodo di cappone*, einer kräftigen, klaren Suppe aus Rindfleisch und Kapaun. Den ganzen Tag über wird an der Piazza della Vittoria in großen Zelten gekocht, 300 Liter Suppe täglich. Mittags und abends essen die Besucher an langen Tischen unter freiem Himmel – ein kulinarisches Volksfest, das mit jedem Jahr wächst. Inzwischen beträgt der Konsum während der acht Festtage rund 2 000 Kilogramm *Tortellini*, das entspricht 15 000 Portionen.

Während der Sagra-Woche sind Tortellini die Hauptdarsteller.

Schon Monate im Voraus arbeiten die etwa 18 *rezdore*, die besten Teigmacherinnen in privaten Haushalten, an der Herstellung der *Tortellini* für die Sagra, verbrauchen unter anderem acht Laibe Parmesan und 10 000 Eier. 100 bis 120 Kilogramm Teig werden pro Tag verarbeitet.

Der Teig aus Weichweizenmehl und Eiern wird dünn ausgerollt, in Quadrate geschnitten, mit Fülle bedeckt und zu Dreiecken zusammengelegt, deren Spitzen anschließend um den Zeigefinger gelegt und zusammengepresst werden. So entsteht ein ringförmiges Gebilde, das mit etwas Fantasie wirklich an einen Bauchnabel erinnert (Rezept, siehe Seite 152).

Zu den *Tortellini* wird Lambrusco getrunken, der fein-herbe, leicht moussierende regionale Rotwein. In Bologna bevorzugt man eher Weißwein aus der autochthonen Pignoletto-Traube.

Seit 1974, als eine Abordnung kulinarischer Traditionalisten das »Originalrezept« in der Kammer von Bologna hinterlegte, sind *tortellini in brodo* sozusagen patentiert. Auch wenn Signor Degli Angeli rigoros über die Tradition wacht und am liebsten alle nicht *in brodo* servierten *Tortellini* verbannen würde, schleicht sich sogar in seiner Stadt manchmal Renegatentum ein. Selbst während der Sagra bekommt man in manchen Lokalen *tortellini al ragù*, also mit Hackfleischsauce (die in deutschsprachigen Landen *bolognese* heißt, nicht aber im namensgebenden Bologna), oder *alla panna*, mit Sahnesauce – was für die einen als typisch für die üppige Emilia-Romagna-Küche gilt, für andere aber ein Sakrileg bedeutet. Nur einem einzigen Küchenchef lässt Degli Angeli in Sachen *Tortellini* seine Abtrünnigkeit durchgehen: Massimo Bottura, einem der höchst dekorierten aktuellen Starköche Italiens, der in seiner »Osteria Francescana« in Modena *Tortellini* statt *in brodo* mit einer Parmesancreme serviert (siehe Interview auf Seite 150).

Auch im malerischen Dorf Valeggio sul Mincio hält man sich nicht an die von der Associazione San Nicola vertretene Tradition. Hier isst man die *Tortellini* mit zerlassener Butter und Salbeiblättchen – und kultiviert eine eigene Legende: Die spielt im 14. Jahrhundert und handelt von dem Hauptmann Malco und der Nymphe Silvia, die ihm als Liebespfand ein goldenes Seidentuch mit einem Knoten schenkt und in die Welt der Menschen wechselt. Doch als sie als Hexe denunziert wird, muss sie in ihre Wasserwelt zurückkehren. Malco folgt seiner Geliebten, das Taschentuch mit dem »Liebesknoten« lässt er am Ufer zurück. Seither ist es in Valeggio Tradition, zu festlichen Anlässen aus dünnem Nudelteig kleine Teigtaschen herzustellen, die in ihrer Form an jenen Knoten erinnern. Seit 1993 wird alljährlich ein großes »Fest des Liebesknotens« (»La Festa del nodo d'amore«) gefeiert: Dann verwandelt sich die 600 Meter lange Visconti-Brücke von Valeggio in ein Freiluftlokal, wo rund 4 000 Gäste 600 000 handgemachte *Tortellini* verzehren und den historischen Umzug samt abschließendem Feuerwerk genießen.

Schon Monate im Voraus bereiten die *rezdore* die Tortellini vor: 100–120 kg Teig pro Tag!

Kulinarische Brauchtumspflege

INTERVIEW MIT GIOVANNI DEGLI ANGELI, PRÄSIDENT DER ASSOCIAZIONE SAN NICOLA

Versteht sich die Vereinigung San Nicola als Hüterin der Tortellini-Tradition?

Giovanni Degli Angeli: Ja, das war das Gründungsmotiv. Die Tradition muss bewahrt und lebendig erhalten werden. So gibt es zum Beispiel eine strenge Arbeitsteilung bei der Herstellung: Die Frauen, genannt *sfogline* oder *rezdore,* machen den Teig und formen die Tortellini, die Füllung hingegen ist ausschließlich Aufgabe der Männer. Bei mir zu Hause machen wir ja nur eine kleine Menge, da wechsle ich mich mit meiner Frau ab. Wichtig ist die Besinnung auf das Ursprüngliche, besonders die Jugend sollte den Geschmack und die Zubereitungsarten der traditionellen Speisen kennenlernen und nicht nur ins Fastfood-Lokal gehen.

Wieso gibt es ausgerechnet in Castelfranco Emilia dieses Traditionsbewusstsein und das alljährliche Tortellini-Fest?

Degli Angeli: Wir liegen im Zentrum der Emilia Romagna, man könnte also sagen, Castelfranco ist der Nabel dieser Region, in der zwischen Modena und Bologna die Tortellini regieren. Wir gehörten verwaltungstechnisch bis 1929 zu Bologna, nun zu Modena, wir repräsentieren also gleichsam die Wiege des Tortellino.

Wie ist die Idee zum Tortellini-Fest und zum Umzug in historischen Kostümen entstanden?

Degli Angeli: Als wir die Vereinigung San Nicola gegründet haben, wollten wir vor allem auch an die Entstehungsgeschichte der Tortellini erinnern und die Tradition wieder aufleben lassen. Also eine Rückkehr zu den Anfängen und gleichzeitig eine zukunftsorientierte Betonung guter, gesunder Ernährung mit Produkten der Region. Die Emilia Romagna ist ja berühmt für fantastische Produkte: Prosciutto, Mortadella, Parmesan, Aceto Balsamico.

Und jedes Jahr küren wir einen *oste*[9] und eine *dama*[10], bekannte Persönlichkeiten aus dem In- und Ausland, von der bekannten US-amerikanischen Weinjournalistin Monica Larner bis zu Massimo Bottura, einem der größten Starköche, die wir in Italien haben. Diese Persönlichkeiten sind dann ein Jahr lang quasi Botschafter der Tradition.

9 Wirt

10 Gastgeberin

Wie sehr variieren die traditionellen Tortellini-Rezepte? Oder gibt es einfach »das« klassische Rezept?

Degli Angeli: Wir haben in der Gegend rund 300 Rezepte gesammelt, in jedem Haushalt gab es ein traditionelles Familienrezept. Jeder wandelt die klassische Version ein bisschen ab und das hat sich natürlich auch mit der Zeit verändert. Früher zum Beispiel verwendete man entrindetes Brot für die Füllung, wenn man kein Fleisch hatte, oder man verarbeitete einfach vorhandene Reste. Wir haben aus all diesen Rezepten jenes ausgewählt, das uns als das ehrlichste und am engsten mit den Traditionen unserer Küche verbundene erschien – gemäß den Traditionen und dem Geschmack unserer Großmütter und der *rezdore*.

Was muss man bei der Herstellung der Tortellini tradizionali di Castelfranco Emilia besonders beachten?

Degli Angeli: Es ist zum Beispiel sehr wichtig, das gewürfelte Fleisch anzubraten, aber ohne jeglichen Zusatz – keine Butter, kein Öl, kein Wasser, kein Rosmarin, nichts, nur pures Fleisch. Ferner ist es wichtig, Prosciutto di Modena zu nehmen, dessen Konservierungsmethode unter Salz noch auf die Römer zurückgeht; dann braucht man selbstverständlich Mortadella aus Bologna und 24 Monate gereiften Parmesan – alles natürliche Produkte aus der Region. Salz, Muskatnuss und Eier kommen dazu, insgesamt eigentlich ein sehr einfaches Rezept. Früher verwendete man Muskatnuss oft in größeren Mengen, unter anderem um den weniger angenehmen Geschmack von nicht mehr taufrischen Zutaten zu übertünchen – was natürlich seit der Erfindung des Eiskastens nicht mehr nötig ist.

Gibt es nach wie vor bestimmte Anlässe, bei denen traditionell Tortellini gegessen werden?

Degli Angeli: Früher aß man sie höchstens ein, zwei Mal im Jahr, die Zubereitung war ein echtes Ritual: Man versammelte die ganze Familie und bereitete die Tortellini gemeinsam zu. Man aß sie zum Beispiel zu Weihnachten oder wenn ein Kind geboren wurde, zur Taufe, manchmal zu Ostern, jedenfalls eher selten. Heute ist das natürlich anders, heute isst man sie zu jeder Gelegenheit, meistens als *primo*[11], aber man könnte auch sagen, Tortellini sind das ideale *piatto unico*[12] des dritten Jahrtausends.

Wäre es ein Sakrileg, das traditionelle Rezept neu zu »erfinden«, sozusagen eine Füllung des 21. Jahrhunderts zu kreieren?

Die originalen Tortellini sind jene *in brodo*.

Degli Angeli: Also, die originalen Tortellini sind jene *in brodo*, da sind wir einigermaßen rigide, daher gibt's auch auf der Sagra ausschließlich *tortellini in brodo di cappone*. Es gibt nur eine einzige Person, die da Änderungen vornehmen darf: Massimo Bottura. Der ist so ein einfallsreicher Kopf, der muss und darf natürlich variieren – und daher serviert er sie nicht *in brodo*, sondern mit Parmesancreme. Ich hab sie gekostet, sie sind etwas gehaltvoller als jene in der Suppe, aber er ist Massimo Bottura, also muss man ihn machen lassen ...

Erinnern Sie sich an Ihre ersten Tortellini?

Degli Angeli: Natürlich erinnere ich mich. Ich war noch recht klein, so ungefähr sechs Jahre alt. Unsere ganze Familie lebte auf dem Land und als bei meinen Großeltern eine Taufe gefeiert wurde, bekam ich meinen ersten Teller *tortellini in brodo*, das war eine wunderbare Sache.

11 erster Gang

12 Tellergericht

„Tradition ist eine Innovation, die gut gelungen ist.“

INTERVIEW MIT STARKOCH MASSIMO BOTTURA

Signor Bottura, Teigtaschen haben eine sehr große Tradition in der Küche der Emilia Romagna. Würden Sie sagen, dass sie unbedingt zu einer kompletten Mahlzeit dazugehören?

Massimo Bottura: Eine Teigtasche, ein Raviolo, egal, welche Form er hat, ist immer die Hülle für eine kulinarische Idee und spielt daher eine sehr wichtige Rolle in der Entwicklung meiner Arbeit.

Gibt es Ihrer Meinung nach »das« originale Rezept für traditionelle Tortellini oder vielmehr unzählige – weil jede einzelne Familie das wahre Tortellini-Rezept hat?

Bottura: Jede Familie hat ihr Rezept und jedes ist das »wahre«...

Jede Familie hat ihr Rezept und jedes ist das *wahre*.

Abgesehen von der sympathischen Legende vom verliebten Koch, der die ersten Tortellini nach dem Nabel der Venus geformt haben soll, wo sehen Sie die Ursprünge der *pasta ripiena*, der gefüllten Teigtaschen?

Bottura: Ich glaube, dass an ihrem Ursprung die Notwendigkeit, vor allem in ärmeren Bevölkerungsschichten, stand, vorhandene Ingredienzen zu verwerten, jeden kleinen Rest zu verwenden und durch die Zubereitungsart zudem aufzuwerten.

Steht auf der Speisekarte der »Osteria Francescana« immer ein Tortellini-Gericht?

Bottura: Immer.

Welches ist ihr Lieblingsrezept für Tortellini?

Bottura: Eindeutig das von meiner Mamma!

Tortellini werden traditionell in der Suppe serviert, manche essen sie auch *alla panna*. Sie servieren sie in einer Parmesancreme...

Bottura: Mein Tortellini-Rezept ist aus einer Art historischem Kompromiss zwischen Suppe und Sahnesauce entstanden.

Besteht Ihrer Meinung nach der Wert einer traditionellen Speise wie Tortellini darin, sich strikt an die Originalrezeptur zu halten, oder muss man sie im Gegenteil gemäß der zeitgenössischen Entwicklung immer neu erfinden?

Bottura: Tradition ist doch nichts anderes als eine Innovation, die gut gelungen ist. Tradition ist mit kritischen Augen und gleichzeitig mit Respekt zu sehen.

Gibt es nach wie vor die Tradition, *tortellini in brodo* zu bestimmten Festen wie etwa zu Weihnachten zu essen?

Bottura: Feste sollten vor allem die Familie und die eigenen Emotionen feiern – und daraus ergibt sich dann, was man als Menü aussucht.

Zur Person: Massimo Bottura (rechte Seite, unteres Bild rechts) zählt zu den Schlüsselfiguren der neuen Starköche-Generation Italiens; mit seiner »Osteria Francescana« in Modena hat er kulinarische Geschichte geschrieben.

Zu Ehren der Tortellini: Der Umzug in historischen Kostümen ist der Höhepunkt des Festes. Die Bewohner sind stolz auf ihre Tortellini und die damit verbundene Tradition.

TORTELLINI TRADIZIONALI DI CASTELFRANCO EMILIA

Associazione di Volontariato La San Nicola, Castelfranco Emilia

FÜR 4 PORTIONEN

SUPPE
1½ kg Rindfleisch
2 kg Suppenhuhn oder Kapaun, küchenfertig
Salz

FÜLLUNG
100 g Schweinefleisch (z. B. von der Lende)
35 g Prosciutto di Modena
35 g Mortadella
60 g Parmesan (Parmigiano Reggiano, 24 Monate gereift), frisch gerieben
1–3 Eier
Salz
Muskatnuss, frisch gerieben
weißer oder schwarzer Pfeffer, frisch gemahlen

TEIG
400 g Weichweizenmehl, Tipo 00 (entspricht etwa der deutschen Mehltype 405)
4 ganz frische Eier

Geflügel einige Minuten unter fließendem Wasser abspülen. Dann in einem großen Topf vollständig mit Wasser bedecken und salzen. Langsam zum Kochen bringen und rund vier Stunden konstant am Köcheln halten. Den Topf dabei nicht vollständig zudecken, damit der Dampf entweichen kann. Ab und zu den Schaum abschöpfen.

Anmerkung: Da sich beim Tortellinikochen das eine oder andere Teigtäschchen öffnen kann und die austretende Füllung die Suppe trübt, nehmen Puristen zum Servieren frische heiße Suppe, verwenden also rund die Hälfte der Suppe nur zum Garen der Tortellini. Selbstverständlich kann man die Teigtaschen ohne jegliche Geschmackseinbuße auch gleich in der »Kochsuppe« servieren. Dann nur die halbe Menge zubereiten.

Für die Füllung Fleisch in kleine Würfel schneiden und in einer beschichteten heißen Pfanne durchschwenken, bis sich auf allen Seiten eine helle Kruste gebildet hat. Prosciutto und Mortadella klein schneiden. Sobald das Fleisch abgekühlt ist, mit Prosciutto mischen und durch den Fleischwolf (0,6 mm-Scheibe) drehen. Anschließend gemeinsam mit der Mortadella ein zweites Mal durch den Fleischwolf lassen. Geriebenen Parmesan und Eier gut unterrühren (ist die Füllung relativ feucht, genügen ein bis zwei, ansonsten nimmt man drei Eier). Am Schluss ca. 1 EL Salz hinzufügen, mit Muskat würzen (dessen Aroma soll die Füllung nur »parfümieren«, nicht aber dominieren) und mit Pfeffer abschmecken. Alles gründlich von Hand durchmischen, eventuell noch mit Salz abschmecken und zugedeckt in den Kühlschrank stellen – nie in den Tiefkühler!

Für den Teig Mehl auf eine Arbeitsfläche oder ein großes Holzbrett häufen. In die Mitte eine Mulde drücken, die Eier vorsichtig hineingleiten lassen. Mit einer Gabel die Eier vorsichtig verrühren und dabei immer mehr Mehl vom Rand in die Mitte einrühren. Anschließend tüchtig kneten, bis man einen glatten Teig von mittlerer Konsistenz erhält. Falls der Teig zu weich ist, kann man etwas mehr Mehl einarbeiten; sollte er zu trocken sein, fügt man ein wenig Ei dazu.

Nun beginnt der komplizierteste Teil, das Ausrollen des Teiges mit einem Wellholz. Die Arbeitsfläche mit einem Messer von eventuellen Teigresten befreien und leicht bemehlen. Teig vorsichtig auf etwa einen Millimeter Dicke ausrollen. Quadrate von 3–4 cm Seitenlänge aus dem Teig schneiden und mit Füllung belegen. Anschließend zu einem Dreieck zusammenklappen und die Seiten gut aneinander drücken. Nun jedes Dreieck über den Zeigefinger legen und die beiden Spitzen rechts und links des Fingers zusammenführen und festdrücken, wodurch die charakteristische Ringform des Tortellino entsteht.

Profis legen die fertigen Tortellini nun auf ein großes Tablett, bedecken sie mit einem sauberen Tuch und lassen sie bis zum nächsten Tag trocknen.

Fertige Tortellini in die kochende Suppe gleiten lassen. Sobald diese erneut aufkocht, Hitze reduzieren und vorsichtig umrühren. Die Tortellini dürfen nur sanft geköchelt werden. Sobald sie nach wenigen Minuten an der Oberfläche schwimmen, sind sie fertig.

Man kann sie entweder gleich in der Kochsuppe servieren oder in frischer, heißer Bouillon.

Während der Festwoche haben die Teigmacherinnen, die **rezdore**, alle Hände voll zu tun. Die Arbeit dafür beginnt schon Monate vorher.

Während der achttägigen **Sagra del Tortellino** feiert Castelfranco Emilia ein kulinarisches Volksfest, bei dem in- und ausländische Gäste rund zwei Tonnen Tortellini verzehren.

Tortelloni

Die größeren »Geschwister« der *Tortellini* werden ähnlich zubereitet und sind ebenfalls vor allem in Nord- und Mittelitalien verbreitet. Gefüllt werden *Tortelloni* mit Hackfleisch, mit Ricotta und Spinat, in der Saison oft mit Wild, Gänsefleisch oder Pilzen. Eine besondere Spezialität aus Mantua sind *Tortelloni (Tortelli)* mit Kürbisfüllung. Häufig werden sie mit geschmolzener Butter und geriebenem Parmesan serviert, manchmal auch mit Fleisch- oder Wildsugo.

TORTELLONI DI ZUCCA

Kürbis-Tortelloni

FÜR CA. 4 PORTIONEN ALS HAUPTSPEISE

TEIG
400 g Weizenmehl
3–4 Eier
lauwarmes Wasser, nach Bedarf

FÜLLUNG
800 g Kürbis, geschält und entkernt
120 g Amaretti (italienische Makronen)
150 g Parmesan, frisch gerieben
150 g Mostarda mantovana (süßsauer eingelegte Quitten)
1 Zitrone, Schalenabrieb
Salz
Pfeffer, frisch gemahlen
Muskatnuss

ZUM SERVIEREN
Butter, geschmolzen
Parmesan, frisch gerieben
weißer oder schwarzer Pfeffer, frisch gemahlen
Muskat, frisch gerieben

Aus Mehl und Eiern einen Teig kneten. Bei Bedarf ein klein wenig Wasser dazugeben, falls der Teig zu fest ist. In Frischhaltefolie wickeln und mindestens eine Stunde im Kühlschrank ruhen lassen.

Backofen auf 180 °C vorheizen. Kürbis würfeln, in eine feuerfeste Form legen und abgedeckt im Ofen etwa 50 Minuten garen.

Amaretti reiben bzw. mit einem Rollholz zerbröseln. Mostarda[13] sehr klein schneiden. Abgekühlten Kürbis pürieren, mit Mostarda, Amarettibröseln, Parmesan, Zitronenschale, Salz, Pfeffer und Muskatnuss gut vermischen. Für mindestens 45 Minuten kaltstellen, eventuell nachwürzen.

Teig halbieren und beide Teile mit Mehlhilfe 1–2 mm dünn ausrollen. Scheiben von etwa 10 cm Durchmesser ausstechen.

13 Verschiedenes süß-sauer eingelegtes Gemüse oder süß-sauer eingelegte Früchte. Bei der *Mostarda mantovana* sind Quitten eingemacht.

Füllung nochmals durchrühren und pro Teigscheibe etwa 1 TL davon daraufgeben. Teigränder mit etwas Wasser befeuchten und den Teig jeweils in der Mitte zusammenklappen, dabei die Ränder gut festdrücken. Die beiden Ecken der so entstandenen Halbmonde zusammenführen und fest aufeinander drücken. Fertige Tortelloni mit einem Tuch abdecken und etwa 30 Minuten ruhen lassen.

In einem großen Topf Wasser zum Kochen bringen, salzen und die Tortelloni vorsichtig einlegen. Öfter umrühren, damit sie nicht am Topfboden festkleben. Sobald sie aufsteigen, sind sie fertig. Abseihen, gut abtropfen lassen und mit flüssiger Butter, geriebenem Parmesan, frisch gemahlenem Pfeffer und eventuell etwas Muskat servieren.

TIPPS

Man kann die Füllung auch in entsprechendem Abstand auf einer Teighälfte verteilen, die zweite Teigplatte darüberlegen, den Teig jeweils rund um die Füllung gut festdrücken und mit einem runden Ausstecher »Tortelli« ausschneiden – was entschieden schneller geht und genauso gut schmeckt.

Da Kürbis relativ süß ist, kann man je nach Geschmack etwas Chili und/oder ein wenig Zitronensaft zur Füllung geben.

ALTERNATIVE

RICOTTA-SPINAT-FÜLLUNG

320 g Ricotta
80 g Parmesan, frisch gerieben
2 Eier
500 g frischer Blattspinat, verlesen und gewaschen
Salz
Pfeffer
Muskatnuss, frisch gerieben

ZUM SERVIEREN

Butter, geschmolzen
Parmesan, frisch gerieben
frische Salbeiblätter

Beim Spinat die dicken Stängel entfernen. Spinatblätter blanchieren, gut ausdrücken und abkühlen lassen. Fein hacken und mit den übrigen Zutaten gut verrühren, eventuell nachwürzen. Für Teig und Zubereitung wie oben verfahren.

Tortelloni mit zerlassener Butter, Parmesan und eventuell Salbeiblättern – roh oder kross in der Butter gebraten – servieren.

Altstadt-Bummel durch Parma: Auf Schritt und Tritt locken die Köstlichkeiten der Emilia Romagna – von Parmesan bis Mortadella.

Ravioli

Man könnte Ravioli als Urmutter der pasta ripiena, der gefüllten Teigtaschen Italiens, bezeichnen – mit einer großen Verwandtschaft: Agnolotti im Piemont, kleine runde Anolini rund um Piacenza und Parma, wo die gefüllten Teigtaschen, ähnlich wie in der Lombardei und teilweise in der Emilia Romagna, auch Tortelli heißen; Pansoti (Pansotti) sind in Ligurien zu Hause, Ravaioli in den Marken, Tordelli in der nordöstlichen Toskana, Cappellacci und Cappelletti („Hütchen") rund um die Stadt Ferrara – und damit ist die Familie noch lange nicht vollzählig versammelt.

Die Teigtäschchen aus Eiernudelteig – meist quadratisch oder rechteckig, manchmal auch kreisrund, halbmondförmig oder dreieckig – werden klassisch mit Spinat und Ricotta oder mit einer Farce aus Fleisch gefüllt, oft mit Innereien, Fisch, Frischkäse, Gemüse, Esskastanien, Meeresfrüchten oder Kürbis.

Neben Pizza und Spaghetti gibt es wohl kaum eine Speise, deren Name so blitzartig *bella Italia* ins kulinarische Gedächtnis ruft. Das mag Kindheitserinnerungen an den ersten Adria-Urlaub geschuldet sein oder daran liegen, dass *Ravioli* für viele die ersten »ausländischen« Teigtaschen waren, die sie aßen – auch wenn die mit Schweinefleisch gefüllten »Ravioli in Tomatensauce«, die Ende der 1950er-Jahre als erstes Nudelfertiggericht auf den Markt kamen, heute nicht mehr ganz unserem kulinarischen Italien-Geschmack entsprechen. Die Regisseurin Katja Gauriloff setzte diesem frühen Convenienceprodukt vor ein paar Jahren ein filmisches Denkmal (»Träume in Dosen«).

Der Ursprung

Die geografische Wiege der Ravioli ist umstritten.

Ein verbrieftes Geburtsdatum der *Ravioli* ist unter Experten ebenso umstritten wie die geografische Wiege, wiewohl einige Quellen auf Ligurien verweisen – ein Schriftstück aus dem Jahr 1182 zum Beispiel, das über die Zubereitung von »Ravioli« durch einen Bauern aus Savona berichtet. Der Name könnte vom Lateinischen »rabiola« (kleine Rübe) stammen oder von »rabiolae«, Leckerbissen. Oder vom Genueser Dialektwort *rabioli*, das »Reste« bedeutet.

Der Gastrohistoriker Giovanni Goria datiert die Geburt der *Ravioli* ins 13. Jahrhundert, als eine Familie namens Raviolo im piemontesischen Gavi, an der Grenze zu Ligurien, einen Gasthof am damals einzigen gut passierbaren Verbindungsweg zwischen Po-Ebene und der Hafenstadt Genua führte. Die Spezialität des Hauses seien in Suppe gegarte Teigtaschen gewesen, die bald nach dem Namen der Lokalbesitzer als *Ravioli* gekannt wurden.

Dass der Name einer Wirtsfamilie an der Wiege der *Ravioli* stand, hält die lombardische Autorin und Gourmetjournalistin Roberta Schira nur für eine nette Legende. In ihrem Buch »La pasta fresca e ripiena« (Verlag Ponte alle Grazie, 2009) leitet sie diesen Namen vielmehr vom Wort ravi(ggiu)olo oder raveggiolo ab, einem speziellen Frischkäse aus der Milch von Kühen oder Ziegen (die teilweise *rabiole* genannt werden), der als Zutat in vielen antiken Rezepten vorkommt. *Raviggiolo* heißt heute noch ein Rohmilchfrischkäse, der vor allem im Apennin verbreitet ist und ebenfalls als Teigtaschenfüllung dient.

Ziemlich sicher ist auch, dass sich der Name *raviolo* ursprünglich nur auf die Füllung bezog. Ein Beweis dafür sind laut Roberta Schira die *gnudi*, ein hauptsächlich in der Toskana verbreitetes Gericht in Nockenform, das aus Ricotta, Eiern, Spinat und geriebener Muskatnuss zubereitet und in Salzwasser gekocht wird. Das Wort *nudo* bedeutet übrigens nackt, könnte sich also auf die Füllung ohne Teigmantel beziehen.

Bereits im Neapel des 14. Jahrhunderts wurden am Hof von Carlo d'Angió laut einem alten Kochbuch »ravioli« zubereitet, erzählt Schira, und auch hier war kein Teig im Spiel: Schweinefleisch und Leber wurden mit Kräutern, Safran und Gemüse im Mörser zerkleinert, mit Ei vermischt, in ein Schweinenetz gewickelt, frittiert und vor dem Essen in Honig getaucht.

In den Rezepten des Renaissance-Meisterkochs Martino de Rossi kommen »weiße Ravioli« ohne Teig vor, zubereitet aus Frischkäse, Butter und Ingwer, die mit Zimt und Zucker, manchmal Safran gegessen wurden.

Auch in Pellegrino Artusis 1891 erstmals erschienenem Standardwerk der italienischen Küche[14] findet sich ein entsprechender Hinweis: Neben einem

14 »La scienza in cucina e l'arte di mangiar bene«; auf deutsch: „Von der Wissenschaft des Kochens und der Kunst des Genießens", Mary Hahn, F. A. Herbig, 1998

Im Restaurant Valfiore bei Bologna serviert man *Ravioli con baccalà mantecato*

In Gavi gibt es seit 1973 die *Ravioli-Ritter.*

Vino, Verdi, Pasta

Rezept für »Ravioli«, gekochte Klößchen aus Mangold, Parmesan und Quark, die mit zerlassener Butter und geriebenem Parmesan oder »als Beilage zu geschmortem Fleisch« gegessen werden, beschreibt Artusi »Ravioli Genueser Art« mit einer Füllung aus Masthähnchenbrust, Hühnerleber, Lammhirn »und etwas Gekröse«. Dazu merkt der Gründervater der Nationalküche Italiens an, dass man diese Speise eigentlich nicht *Ravioli* nennen sollte, »weil die richtigen Ravioli nicht mit Fleisch gemacht und nicht in Teig gewickelt werden«.

»Richtige«, mit Ricotta gefüllte *Ravioli* soll der Legende nach der später selig gesprochene Guglielmo di Malavalle im 12. Jahrhundert aus mit Kleie gefüllten Teigtaschen »gezaubert« haben. Selbst in »Il Decamerone« von Giovanni Boccaccio kommen *Ravioli* vor. Der toskanische Dichter beschreibt eine Art lukullisches Schlaraffenland *all' italiana*, in dem auf einem Berg aus geriebenem Parmesan die Leute stehen und nichts anderes tun, als Maccheroni und *Ravioli* zu machen und in Kapaunbrühe zu kochen …

In Fleischbrühe werden *Ravioli* zwar manchmal heute noch serviert, meist aber kommen sie mit zerlassener Butter, geriebenem Parmesan und manchmal Salbei auf den Tisch, mit Fleischsugo oder gewürfelten frischen Tomaten und Olivenöl. Die typischen *ravioli alla genovese* werden mit Kalb- und Schweinefleisch, Hirn, Bries, Mangold und Ei gefüllt, mit Quark und Spinat *(ravioli di magro)* oder auch mit Fisch.

Auf der Insel Capri gibt es runde *caprioti*. Sie sind mit *caciotta*, dem einheimischen Schafkäse, gefüllt und man serviert sie mit Tomatensauce und frischem Basilikum. Der Teig wird übrigens ohne Ei, dafür mit ein bisschen Olivenöl zubereitet. Der Ernährungsexperte und Gastrohistoriker Renzo Pellati spannt hier den Bogen nach Ligurien: Capris Fischer, »Männer des Meeres«, seien auf ihren Ausfahrten bis an die ligurische Küste gekommen und hätten das Teigtaschenrezept von dort mitgebracht.

Seit 1973 gibt es in Gavi übrigens die Vereinigung der Ravioli-Ritter, die über die Authentizität der örtlichen Raviolitradition wacht: hauchdünner Teig, Borretsch und manchmal Endivie, unbedingt Majoran, Fleisch vom Rind und nur ein bisschen vom Schwein, Wurstbrät, kein oder nur wenig Knoblauch. Gegessen werden die dortigen *Ravioli* mit Fleischsugo oder nur mit Parmesan bestreut *(a culo nudo*, »mit nacktem Hintern«); manchmal werden sie sogar in Rotwein gekocht.

Jede Familie, jedes Dorf, jede Region hat ihr eigenes Rezept. Das Grundprinzip ist aber fast überall dasselbe: Mehl, meist Weichweizenmehl, Wasser, Ei. Der Teig wird in zwei Hälften geteilt, möglichst dünn ausgerollt und mit Füllungshäufchen belegt. Dann legt man die zweite Teigplatte darüber und sticht oder schneidet die einzelnen

Auch Capri hat seine eigenen Teigtaschen – die *caprioti*.

Ravioli aus. Anschließend werden sie in Salzwasser gekocht, bis sie an der Oberfläche schwimmen.

Natürlich konnte die Haute Cuisine der vergangenen Jahrzehnte am Nationalgericht *Ravioli* nicht vorbeigehen. Als Gualtiero Marchesi, Italiens renommiertester und innovativster Vertreter der Nouvelle cuisine der 1980er-Jahre, seinerzeit seinen »raviolo aperto« mit Fischfüllung kreierte, war das »fast ein Skandal«, wie er sich später in einem Interview an die ersten Reaktionen erinnerte. Der »offene Raviolo« ist heute noch auf Marchesis Website als einer seiner Klassiker gelistet.

Rund ein Jahrzehnt später kreierte der Pionier der Molekularküche, der Spanier Ferran Adrià, *Ravioli* mit flüssiger »Füllung«. »Ja nicht anbeißen, sondern unbedingt im Ganzen essen«, warnte uns der Kellner im Garten des Restaurants »El Bulli«, während er zwei Löffel mit je einem kugeligen Teigtäschchen servierte – die mit heißer Bouillon gefüllt waren. Noch einen Schritt weiter ging Spaniens kulinarischer Dekonstruktivist mit seiner molekulartechnischen Kreation »Sphärischer Raviolo« aus Calciumchlorid, Wasser und Seeigelpüree.

Der vielfach ausgezeichnete deutsche Starkoch Heinz Beck, mit dem Restaurant »La Pergola« in Rom zu einem der besten Küchenchefs Italiens aufgestiegen, kreiert hin und wieder gerne ausgefallene Ravioli-Spezialitäten: mit Calamari und Ananas, mit Hummer und Avocado oder mit Ente, Spinat und Foie-gras-Sauce.

Man kann Gourmetexpertin Roberta Schira nur zustimmen, wenn sie *Ravioli* für »eines der nobelsten, ältesten und interessantesten Gerichte der italienischen Küche« hält – ein kulinarisches Konzept, das mühelos einen Kochkunst-Bogen spanne zwischen Renaissance, Postmoderne und Molekularküche.

RAVIOLI

FÜR 4 PORTIONEN

TEIG (FÜR 1 FÜLLUNG)
300 g Weizenmehl
2–3 Eier
Salz
lauwarmes Wasser

RICOTTA-SPINAT-FÜLLUNG
450 g frischer Blattspinat, möglichst kleine Blättchen
1 TL Butter
150 g Ricotta
1 Ei
1 Eigelb
150 g Parmesan, frisch gerieben
Muskatnuss, frisch gerieben
weißer Pfeffer, frisch gemahlen
Salz
frische Salbeiblätter, nach Geschmack

LIGURISCHE FLEISCHFÜLLUNG
einige Endivienblätter
½ Bund Borretsch
250 g Rindfleisch
150 g Kalbfleisch
Butter
2 Eier
1 Eigelb
ca. 1 Handvoll Weißbrot ohne Rinde, in etwas Fleischbrühe eingeweicht
3–4 EL Parmesan, frisch gerieben
einige Zweige Majoran, Blättchen gehackt
Salz
schwarzer Pfeffer, frisch gemahlen

Mehl auf eine Arbeitsfläche sieben und zusammenschieben. In die Mitte eine Mulde drücken, Eier hineingleiten lassen und salzen. Mit einer Gabel die Eier verrühren, nach und nach das Mehl einarbeiten und zu einem glatten, homogenen Teig kneten. Wenn nötig, ein klein wenig lauwarmes Wasser zugießen. Teig zu einer Kugel formen, in Frischhaltefolie wickeln und ca. eine Stunde ruhen lassen.

Entweder für die Gemüsefüllung den verlesenen, entstielten Spinat dämpfen, Butter darauflegen und abkühlen lassen. Spinat gut ausdrücken und sehr fein hacken. Ricotta und Parmesan vermengen, nach Geschmack mit Muskat, Pfeffer und Salz würzen. Spinat unterheben, alles mit Ei und Eigelb gut verrühren und in den Kühlschrank stellen.

Oder eine Fleischfüllung zubereiten: Endivienblätter und Borretsch drei bis vier Minuten blanchieren, abseihen, mit kaltem Wasser abschrecken und gut ausdrücken. Nach dem Abkühlen sehr klein hacken. Fleisch in grobe Stücke schneiden und in einer Pfanne in Butter anbraten. Abkühlen lassen, ebenfalls fein hacken und mit dem Gemüse, den verquirlten Eiern, dem ausgedrückten, klein gezupften Weißbrot und Parmesan in einer Schüssel gründlich vermengen. Nach Geschmack mit Majoran, Salz und Pfeffer würzen und im Kühlschrank kurz ruhen lassen.

Teig nochmals gut durchkneten und halbieren. Auf einer bemehlten oder eingeölten Arbeitsfläche beide Hälften dünn ausrollen. Mit einem Teelöffel die Füllung je nach gewünschter Ravioligröße in 5–9 cm Abstand auf eine Teigplatte verteilen. Die zweite Teigplatte darauflegen und jeweils rund um die Füllung mit den Fingern gut festdrücken. Mit einem Teigrad quadratische Ravioli ausschneiden, mit einem sauberen Tuch bedecken und mindestens eine Stunde trocknen lassen.

Inzwischen Wasser in einem ausreichend großen Topf zum Kochen bringen und salzen. Raviolirränder eventuell nochmals nacharbeiten (gut zusammendrücken). Sobald das Wasser kocht, Ravioli vorsichtig ins kochende Wasser legen und zwischendurch behutsam umrühren. Wenn die Ravioli an die Oberfläche steigen, sind sie fertig – gegebenenfalls kosten.

Über die Ricotta-Spinat-Ravioli nach Geschmack zusätzlich kross gebratene oder klein geschnittene frische Salbeiblätter streuen. Oder die ligurischen Ravioli mit zerlassener Butter und frisch geriebenem Parmesan servieren.

EMPANADAS

SPANIEN + LATEINAMERIKA

Vom Pilgerproviant zum Aperitifhappen

In den meisten Ländern Lateinamerikas gehören Empanadas zum Straßenbild, sie werden an fast jeder Ecke angeboten. Die gefüllten Teigtaschen sind aber auch in Spanien ein beliebter Imbiss zwischendurch oder in der Mittagspause, Hauptmahlzeit oder kleiner Snack zu einem Glas Wein in der Tapasbar. Sie gehören zum Festessen mit Familie und Freunden oder dienen als Fingerfood bei Veranstaltungen. Dazu trinkt man morgens Tee oder Kaffee, später Softdrinks, Fruchtsäfte, Bier oder Wein.

Jedes Land, jede Provinz oder Stadt hat ihre eigenen Rezepte. Das Wort *Empanada* bedeutet »eingebrotet«, vom spanischen Wort *pan* für Brot. Der Teig wird meist aus Weizenmehl (vor allem in Argentinien) zubereitet, manchmal aus Maismehl (etwa in Venezuela und Kolumbien). *Empanadas* werden üblicherweise im Ofen gebacken, teilweise auch in Öl oder Schmalz frittiert. Sie können rund, dreieckig oder halbmondförmig sein, die Größe variiert zwischen fünf und 15 Zentimetern.

Bei der Füllung gibt es unendlich viele Variationen – von pikant bis manchmal sogar süß. Meist aber sind *Empanadas* mit zu Hackfleisch verarbeitetem oder klein geschnittenem Fleisch gefüllt – vor allem vom Rind, aber auch Hähnchen- oder Schweinefleisch werden verwendet. Es gibt sie zudem mit Gemüse, Reis, Kartoffeln, Mais oder Hülsenfrüchten, Käse, Schinken oder Thunfisch; dazu kommen je nach Geschmack und Rezept Eier, Rosinen, Zwiebeln, Oliven, Tomaten und Gemüsepaprika, Chili und Kreuzkümmel.

Berühmt ist die Empanadakultur in Argentinien: Die meist mit Rindfleisch gefüllten Teigtäschchen sind äußerst beliebt – und besonders saftig und schmackhaft. Kenner führen die geschmackliche Qualität darauf zurück, dass das Fleisch nicht durch den Fleischwolf gedreht, sondern in kleine Stücke geschnitten wird. Gewürzt wird je nach Geschmack mild oder scharf.

Eine eigene Variante sind *Empanadas Arabes*, auch *Fatay* genannt: Die Füllung für diese gebackenen, fast immer dreieckigen Teigtaschen wird aus Rinderhack, Zwiebeln, Paprika, Kreuzkümmel sowie Tomaten hergestellt und mit Zitronensaft

Empanadas liebt man vom Amazonas ...

Es gibt unendliche Variationen – von pikant bis süß.

... bis zu den Stränden von Venezuela.

In der Tapas-Bar »Puerta del Sol« steht ein Dutzend verschiedener Empanadas zur Auswahl. →

Die Teigblätter werden gefüllt und zu halbmondförmigen, runden und dreieckigen Empanadas geformt.

vermischt. Die Füllung ruht dann vor der Weiterverarbeitung einige Stunden; in dieser Zeit »gart« die Säure der Zitronen das Fleisch zu einer Art Rinder-Ceviche.

Auch eine *Fiesta de la Empanada* gibt es in Argentinien. In der Provinz Tucuman wird im Rahmen eines großen Volksfestes jedes Jahr im September der beste Teigtaschenbäcker ausgezeichnet.

In Mexiko, das ja kulinarisch mehr für *Tacos* und *Tortillas* bekannt ist, füllt man *Empanadas* manchmal mit Früchten, etwa Ananas, und auch hier findet jeden Herbst eine große Empanadafiesta statt.

Aus Salta, der Hauptstadt der gleichnamigen argentinischen Provinz, stammt möglicherweise die Empanadaspezialität *Salteñas*, die vor allem in Bolivien verbreitet ist. Diese Teigtaschen sind etwas dicker und bauchiger als üblich, haben einen dunklen Rand und wurden angeblich im 19. Jahrhundert von einer aus Salta stammenden Argentinierin erfunden, die später den bolivianischen Präsidenten heiratete. *Salteñas* haben eine sehr saftige Füllung, was eine gewisse Herausforderung beim Verzehr darstellt: Am besten hält man sie aufrecht in der Hand und beißt vorsichtig die obere Spitze ab.

Als Aperitifhappen oder zur Vorspeise werden in Brasilien gerne *Empadinhas* (mit einem Teig aus Weizenmehl, Butter und Eiern) oder *Pastezinhos* (mit einem Teig aus Weizenmehl, Butter und Käse, meist Minaskäse) gegessen. Beide Arten gibt es auch in »Familiengröße« als *Pastelão:* Eine gefüllte Pastete oder eine Art Pie mit einem Teigdeckel, der oft reich verziert ist. *Empadinhas,* meist gefüllt mit Garnelen,

Gemüse, frischen Kräutern oder Fisch, gebunden mit angerührter Speisestärke, werden in Förmchen gebacken. *Pastezinhos*, gefüllt mit Käse oder Schinken, erhalten eine Halbmondform und werden im Backofen goldgelb ausgebacken, sie können davor mit Eigelb bestrichen werden. Dazu gibt es scharfe Saucen (*Molhos*), grünen Salat (*Alface*) und zur Verdauung unbedingt einen *Cachaça*, das Nationalgetränk Brasiliens – der übrigens auch als Aperitif schmeckt.

Nicht jedermanns Geschmack entspricht die Kombination aus Fleisch und Zucker, die in manchen Regionen üblich ist – etwa in Kolumbien in Form einer pikanten Weizenteigempanada, die frittiert und mit Kristallzucker bestreut wird (aber selbst in Kolumbien scheiden sich da die Geister). In der argentinischen Provinz Cordoba gibt es ebenfalls pikante *Empanadas*, die mit Puderzucker gegessen werden, ebenso in Peru, wo eine Scheibe Limette oder Zitrone dazu serviert wird – übrigens eine allgemein verbreitete Beilage zu *Empanadas*.

Nicht jedermanns Geschmack: die Kombination aus Fleisch und Zucker

Als Vorspeise oder kleines Zwischengericht sind in Peru die *Empanadas de Yuca* sehr beliebt. Der Teig aus gekochten Maniokwurzeln wird aus noch heißem, zerstampftem Maniok, Butter, geriebenem Hartkäse, Eigelb, Backpulver, Salz und Pfeffer hergestellt. Aus dem ausgewellten Teig werden dann Teigscheiben mit einem Durchmesse von ca. 6 cm ausgestochen, in deren Mitte etwas Frischkäse kommt. Die zusammengeklappten Teigtaschen ruhen 30 Minuten im Kühlschrank und werden danach in heißem Öl ausgebacken.

Manche dippen die Teigtaschen auch in eine scharfe Chili-Koriander-Tomaten-Sauce *(Aji)* oder in *Chimichurri*, die scharfe argentinische Sauce mit Petersilie, Thymian, Knoblauch, Zwiebeln, Essig und Öl, die vor allem als Beilage zu gegrilltem Fleisch beliebt ist. In Europa werden *Empanadas* inzwischen teilweise mit Ketchup oder Mayo angeboten.

Die Herkunft

Wie überall kursieren auch in Lateinamerika unterschiedliche Herkunftsgeschichten über die *Empanadas*. So hält man sie etwa in Brasilien für einen »Nachbau« der italienischen *Calzone* oder eine Weiterentwicklung der *Gyoza* aus Japan, von wo Ende des 19. Jahrhunderts zahlreiche Migranten kamen, um auf den Kaffeeplantagen zu arbeiten. Als ziemlich sicher gilt jedenfalls, dass *Empanadas* mit den spanischen Conquistadores nach Lateinamerika kamen.

In Spanien sind *Empanadas* meist frittiert und viel kleiner als in Lateinamerika – oder torten- bis backblechgroß wie die *Empanada*

Das kunstvolle Verschließen der Empanada-Teigränder erfordert Fingerfertigkeit.

gallega aus dem nordwestspanischen Galicien. Die ältesten historischen Hinweise reichen bis ins 10. Jahrhundert zurück. Ein Detail an einer steinernen Pilgerfigur in der Kathedrale von Santiago de Compostela lässt vermuten, dass *Empanadas* Pilgern auf dem Jakobsweg als Proviant dienten. Ob die Spanier die gefüllten Teigtaschen von den Mauren übernommen haben oder ob *Empanadas* aus Galicien stammen, wo sie jahrhundertelang als leicht mitzuführende Nahrung für Fischer und Schäfer dienten, ist nicht ganz geklärt – ebenso wenig wie die Geschmacks- und Glaubensfrage, ob Hefe in den Teig gehört. Im Empanada-Mutterland Spanien wird Hefe öfter verwendet, in Lateinamerika nur sehr selten.

Die *Empanada gallega* ist in Spaniens Nordwesten ein beliebter Klassiker, inzwischen wird sie aber im ganzen Land gegessen. Sie ähnelt mehr einer Teigpastete als einer Teigtasche, wird mit Thunfisch, Schinken, Muscheln, Schweinefleisch oder Sardinen gefüllt, zum Servieren in Stücke geschnitten und kann warm oder kalt gegessen werden. Die kleine Version davon heißt *Empanadilla*, das sind halbmondförmige kleine Teigtaschen, oft scharf mit Chili gewürzt, die inzwischen in fast jeder Tapasbar zu haben sind.

Empanadas werden vielerorts als Oster- oder Weihnachtsgebäck gereicht.

Eine Art körbchenförmige Teigpastete namens *Panades* gibt es auf den Balearen, ein traditionelles Ostergebäck mit einem Teig auf Schmalz-Mehl-Basis, das mit Lamm, der einheimischen Wurst *Sobrasada*, Speck oder Fisch, manchmal süß, gefüllt wird und optisch eher an den italienischen *Panettone* erinnert. Inzwischen werden *Panades* das ganze Jahr über in den Bäckereien verkauft. Auch in der Küche des zentralamerikanischen Staates Belize gibt es übrigens *Panades*, hier handelt es sich aber wirklich um kleine Teigtaschen; gefüllt werden sie meist mit Fisch oder Bohnen.

Auf den Kanarischen Inseln gibt es ein traditionelles Weihnachtsgebäck, das ebenfalls mit einem Mehl-Schmalz-Teig hergestellt wird. Die *Truchas de Navidad* werden mit verschiedenen Füllungen versehen. Beliebt ist eine mit Süßkartoffeln und Mandeln, die mit Rum, Zimt und Anis gewürzt wird. Alternativ können die *Truchas* auch mit weichem Ziegenfrischkäse gefüllt werden, der mit Zucker, Zimt und Anis (oder Anislikör) vermischt wurde. Die halbmondförmigen Teigtaschen, deren Ränder gefältelt werden, backt man in einer tiefen Pfanne oder einem Frittiertopf schwimmend in heißem Öl oder Schmalz aus. Sie werden warm mit etwas Puderzucker bestreut oder mit Zuckerguss bestrichen gegessen.

EMPANADAS

Alexander Vincent Litsauer, „Puerta del Sol", Wien

ERGIBT CA. 45 EMPANADAS

TEIG

300 ml Gemüsesuppe, lauwarm und kräftig gewürzt
1 kleines Ei, verquirlt
180–190 g Butterschmalz, zerlassen
1 kg Weizenmehl, Type 405

FÜLLUNG MIT RINDFLEISCH (FÜR CA. 20–25 STÜCK)

2 Gemüsepaprika, rot oder gemischt mit gelb, orange oder grün
2 EL Öl
3 Zwiebeln, geschält und gewürfelt
500 g Rinderhack
3 Knoblauchzehen, geschält und durchgepresst
2 EL Tomatenmark
1 Handvoll Rosinen
1 Handvoll Oliven ohne Stein, in Scheiben geschnitten
Salz und schwarzer oder weißer Pfeffer, frisch gemahlen
1–2 TL Chili, je nach gewünschter Schärfe
½ TL Lorbeerpulver
je 1–2 TL frische Oregano- und Thymianblättchen
4 Eier, hart gekocht und klein gehackt
½ Bund Petersilie, Blättchen gehackt

FÜLLUNG MIT HÄHNCHEN (FÜR CA. 20–25 STÜCK)

2 EL Öl
700 g Hähnchenkeulen, ausgelöst, oder Hähnchenbrustfilets
1–2 Bund Lauchzwiebeln, geputzt und klein geschnitten
1 TL frischer Ingwer, geschält und gerieben
1 TL Koriandersamen
1 TL Paprikapulver
2 TL Currypulver
Salz und Pfeffer, frisch gemahlen
2–3 TL Chili
500 g Mascarpone
4 Eier, hart gekocht und klein gehackt

Suppe mit Ei und Schmalz verquirlen und ca. 800 g des Mehls langsam einrühren. Abgedeckt etwa 30 Minuten ziehen lassen. Danach den Teig gut kneten, das restliche Mehl dabei einarbeiten. Den Teig etwa 2 mm dick ausrollen und Scheiben mit ca. 12 cm Durchmesser ausstechen. Bis zur Weiterverarbeitung einzeln mit Mehl bestäubt in Frischhaltefolie wickeln.

Für die Rindfleischfüllung Paprikas waschen, Stiele, Kerne und weiße Zwischenwände entfernen. Paprikas in Würfel schneiden.

In einer Bratpfanne Öl erhitzen. Zwiebeln scharf darin anbraten und kräftig salzen. Paprikas hinzufügen und nach etwa zwei Minuten das Fleisch untermischen. Gemeinsam mit den Gewürzen und Rosinen unter häufigem Rühren braten. Am Schluss Tomatenmark und Knoblauch dazugeben und kontrollieren, dass das Fleisch keine »Nester« gebildet hat. Sobald die Masse gleichmäßig und sämig ist, vom Herd ziehen. Eier sowie Petersilie untermischen und abkühlen lassen.

Für die Hähnchenfüllung Öl in einer Bratpfanne erhitzen. Fleisch mit Lauchzwiebeln und Ingwer darin anbraten, aus der Pfanne nehmen und abkühlen lassen. Klein hacken und nochmals kurz in der stark erhitzten Pfanne scharf anbraten. Wenn die meiste Flüssigkeit verdampft ist, Gewürze und Mascarpone hinzufügen und auf kleiner Flamme so lange rühren, bis eine homogene Masse entsteht. Am Schluss die gehackten Eier untermischen.

Ein Teigblatt in die Hand nehmen, in der Mitte etwa 1 EL Füllung platzieren, zusammenklappen und die Teigränder fest zusammendrücken. Danach mit Daumen und Zeigefinger kleine Falten formen und aneinanderdrücken – es entsteht ein zopfartiger Zierrand (s. a. »Krendln«, Seite 130 ff.).

Backofen auf mindestens 250 °C vorheizen. Empanadas auf ein mit Backpapier ausgelegtes Blech legen und acht bis zehn Minuten goldbraun backen.

Als Dip passt eine scharfe Chili-Koriander-Sauce dazu.

TIPPS

Bei allen Füllungen ist es wichtig, sie kräftig zu würzen, da der Teig beim Backen viel Salz wegnimmt. Zudem muss man den Teig vor der Weiterverarbeitung ruhen lassen und nochmals kräftig durchkneten, was recht viel Kraft erfordert – ebenso wie das Ausrollen, sofern man kein passendes Küchenequipment dafür besitzt. Wem die Teigherstellung zu mühsam ist, der kann fertigen Mürbe- oder Quicheteig aus dem Supermarkt verwenden.
Empanadas werden traditionell mit der Hand, ohne Besteck gegessen. Sie schmecken frisch aus dem Backofen am besten, aber auch nach dem Erkalten kann man sie nochmals kurz aufbacken. Empanadas lassen sich außerdem gut einfrieren. Dann vor dem Essen nur antauen lassen und im Ofen aufbacken. Die Mikrowelle ist dazu nicht geeignet, weil die Empanadas darin nicht mehr knusprig, sondern nur noch weich und trocken werden.

ANHANG

HINWEISE UND TIPPS ZU DEN REZEPTEN

TEIGTASCHEN VON A BIS Z

ÜBER DIE AUTOREN

LÄNDERVERZEICHNIS

REGISTER

Hinweise und Tipps zu den Rezepten

MEHL Die Bezeichnungen sind je nach Land unterschiedlich. Für Teigtaschen nimmt man in Deutschland üblicherweise Weizenmehl der Type 405 oder auch Instantmehl 405 (das sehr feinkörnig ist und die Flüssigkeit gleichmäßig aufnimmt, ohne zu klumpen), in Österreich kommt glattes Weizenmehl der Type W480 zum Einsatz und in der Schweiz verwendet man meist Weißmehl.
Auch doppelgriffiges Weizenmehl Tipo 00 (»Pastamehl«) oder fein gemahlener Hartweizengrieß sind geeignet, erfordern aber mehr Kraftaufwand beim Kneten. Manche schwören darauf, etwa ein Viertel der Mehlmenge durch Speisestärke zu ersetzen, das mache den Teig elastischer.

TEIG Nudelteig besteht aus Mehl und Flüssigkeit wie Wasser, Öl oder Ei. Die einfachste Version wird aus Mehl und Wasser hergestellt. Man kann die flüssigen Zutaten zudem mischen oder den Teig nur mit Eiweiß zubereiten, was ihn sehr leicht, aber eher blass macht. Wichtig ist, dass der Teig Zimmertemperatur hat; ist er zu kalt, bricht er leicht. Auch die Eier dürfen nicht zu kalt sein. Verwendet man Wasser, sollte es am besten lauwarm sein. Für chinesische Teigtaschen, die gebraten werden, nimmt man manchmal heißes Wasser, was den Teig sehr knusprig macht. Die meisten Teigrezepte enthalten Salz, man kann es aber weglassen und dafür die Füllung kräftiger salzen. Viele Profis sind der Meinung, dass ein Teig ohne Salz leichter zu verarbeiten sei.

MENGEN Für Teigtaschen als Hauptspeise rechnet man ca. 100 g Mehl pro Person, als warmes Vor- oder Zwischengericht etwa 500 g Mehl für sechs Portionen. Die Flüssigkeitsmenge hängt von der Beschaffenheit des Mehls ab (frisch oder länger gelagert) und auch von der Luftfeuchtigkeit. Die italienische Teigtaschen-Expertin Roberta Schira rät, die Flüssigkeitsmenge als Basis zu nehmen und erst beim Kneten zu entscheiden, wie viel Mehl man braucht. Als Faustregel gilt: Auf 100 g Mehl kommen etwa 50–60 ml Flüssigkeit.

KNETEN UND RUHEZEIT Der Teig muss ausreichend geknetet werden. Das kann natürlich eine Küchenmaschine erledigen, aber viele Profis werten die Wärme der Hände als wichtigen Erfolgsfaktor: Dabei den Teig minutenlang kraftvoll kneten, zusammenklappen, mit den Handballen flachdrücken und weiter kneten, bis eine elastische Masse entstanden ist, die nicht mehr an den Händen klebt. Vor der Weiterverarbeitung muss der Teig mindestens 30 bis 60 Minuten ruhen. Damit er nicht austrocknet, währenddessen mit einem feuchten Tuch oder Frischhaltefolie bedecken. Um festzustellen, ob der Teig lange genug »geruht/gerastet« hat, kann man zunächst die Teigkugel oben einschneiden und durch eine umgestülpte Schüssel vor dem Austrocknen schützen. Wenn sich die Schnittflächen auseinanderwölben, ist der Teig fertig.

AUSWELLEN Je kleiner und handlicher das Nudel- oder Wellholz ist, desto leichter fällt das Auswellen des Teigs. Größere Teigmengen eventuell halbieren oder vierteln, dann nach und nach verarbeiten. Den noch nicht verarbeiteten Teig vor dem Austrocknen schützen.

FÜLLEN UND FORMEN Auch der Füllung tut es gut zu ruhen – je nach Zusammensetzung und Raumtemperatur eventuell im Kühlschrank. Fleischfüllungen knetet man am besten mit den Händen, bis eine homogene Masse entstanden ist; bei Bedarf 1–2 EL Wasser oder Brühe hinzufügen. Manche empfehlen, das Fleisch zu einer Kugel zu formen und ein paar Mal kräftig auf den Schüsselboden zu schleudern – das mache die Füllung besonders saftig. Generell muss die Füllung ausreichend gewürzt werden. Damit sie beim Kochen nicht herausquillt, die Teigränder vorher vorsichtig mit Wasser befeuchten oder mit Eiweiß/verquirltem Ei bestreichen und sehr gut zusammendrücken.

UTENSILIEN Wer nicht kneten bzw. größere Teigmengen herstellen möchte (die meisten Sorten lassen sich gut einfrieren), kann sich natürlich der unterschiedlichsten Modelle von Teig- und Pasta-Maschinen bedienen. Und auch für alle, die den Teig selbst kneten, gibt es kleine Helfer – vom *Raviolatore*, einem Blech mit Vertiefungen und scharfen Rändern, mit dem sich rasch größere Ravioli-Mengen herstellen lassen, bis zum japanischen Gyoza-Teigtaschenformer.

KOCHEN Ausreichend große Töpfe verwenden und das Wasser kräftig salzen. Nicht zu viele Teigtaschen gleichzeitig einlegen, da sie sonst aneinander kleben. Zudem öfter vorsichtig umrühren, damit sie sich nicht auf dem Topfboden festsetzen. Sobald die Teigtaschen oben schwimmen, sind sie gar.

Abkürzungen

ml Milliliter (1/1000 Liter)

l Liter

g Gramm

kg Kilogramm

EL Esslöffel

TL Teelöffel

ML Mokkalöffel

Msp Messerspitze

cm Zentimeter

mm Millimeter

°C Grad Celsius

Die Temperaturangaben dieses Buches sind in °C (Grad Celsius) angegeben. Bei der Zubereitung im Backofen ist die Temperatur eines Elektroherds mit normaler Ober- und Unterhitze gemeint. Für Gasherde beachten Sie bitte die Angaben des Geräteherstellers.
Die Löffelangaben beziehen sich, soweit nicht anders vermerkt, auf das gestrichene Maß.

Teigtaschen von A bis Z

AGNOLOTTI, AGNELOTTI, AGNULOT Piemont. Viereckige Teigtaschen, gefüllt mit Schweine- oder Rindfleisch, Braten, Würsten, Innereien, serviert mit Fleischsugo, Bratensaft oder Butter und Salbei. Die *Agnolotti* oder *Ravioli del plin* werden in der Mitte zusammengedrückt, was ihnen ihre charakteristische Form verleiht.

AGNOLOTTI CARNICI Norditalien, vor allem Friaul; siehe *Cialzons*.

AKASHI-YAKI Japan. In der Stadt Akashi nahe Kobe beliebte Teigtäschchen mit gebratenen Oktopus-Stücken als Füllung.

ANGIOLOTUS Sardinien; → *Culingiones*.

ANOLINI Emilia Romagna. Kleine runde Ravioli, vor allem in der Gegend um Piacenza und Parma verbreitet.

BANSH, BANSCH Mongolei. Gekochte Teigtaschen mit Hackfleischfüllung.

BAOZI China. Gedämpfte Teigtaschen, gefüllt mit Gemüse, Fleisch oder Bohnenpaste.

BORAKI Armenien. An einer Seite offene zylindrische Teigtaschen, meist mit Fleisch gefüllt, die in Wasser oder Brühe halbgar gekocht und anschließend gebraten werden.

BOREKA, BOUREKA Israel, Nahost. Dreieckige, gebackene Täschchen aus Filo- oder Blätterteig, gefüllt mit Rindfleisch, Kartoffeln, Gemüse oder Käse, bestreut mit Mohn oder Sesam. Eine Mischung aus *Börek* und *Empanadas,* die Sepharden aus Spanien mitgebracht haben könnten. *Boreka* sind eine beliebte Speise für Feiertage und Feste wie etwa Purim.

BÖREK Türkei. Runder, strudelähnlicher Auflauf aus Yufka- oder Blätterteig mit pikanter oder süßer Füllung. Es gibt *Börek* aber auch in Form dreieckiger Täschchen oder Röllchen *(Sigara böreği; siehe Zigaretten-Börek).*

BOUGÁTSA Griechenland. Mit Grießpudding gefüllte, süße Teigtaschen; *siehe auch Poaca.*

BOUREK Nordafrika, Levante, Balkan. Meist mit Hackfleisch gefüllte Teigtaschen oder -rollen.

BRIK Nordafrika. Eigentlich ist *Brik* der Name des sehr dünnen, blättrigen Teiges. Teilweise heißen aber auch die halbmondförmigen oder dreieckigen Taschen so, die daraus geformt werden. Man füllt sie mit Hähnchen, Lamm, Gemüse, Fleisch oder Fisch.

BUUDS, BUUS, BUUZ Mongolei. Kleine gedämpfte Teigtaschen mit Fleischfüllung.

CAPPELLACCI, CAPPELLETTI Emilia Romagna. Hütchenförmige Teigtaschen, vor allem rund um Ferrara beliebt.

CAPRIOTI Capri. Spezielle *Ravioli*-Art, gefüllt mit dem regionalen Kuhkäse *Caciotta,* serviert mit frischem Tomatensugo. Der Teig wird mit Mehl, Öl und kochendem Wasser zubereitet.

CASONCELLI, CASONSEI Lombardei. Runde oder viereckige *Ravioli,* gefüllt mit Fleisch, gehacktem Schinken oder Salami, Semmelbröseln, Ei und Käse, meist mit Salbei und Butter serviert.

CASUNZIEI AMPEZZANI Venetien. Halbmondförmige Teigtaschen aus der Dolomiten-Region rund um Cortina d'Ampezzo, auch *Mezzelune* genannt; traditionell gefüllt mit Roter Bete, bestreut mit Mohn, Parmesan und geriebenem Ricotta. Sie haben große Ähnlichkeit mit den *Schlutzkrapfen.*

CEPELINAI Litauen; auch *Didžkukuliai* genannt. Keine Teigtaschen im eigentlichen Sinne, sondern mit Hackfleisch, Quark oder Grieben gefüllte längliche Klöße aus Kartoffelteig. Sie werden in Salzwasser gekocht und mit knusprigen Grieben und saurer Sahne gegessen.

CHAMUÇA Portugal, Goa (Indien), Mozambique. Frittierte Teigtaschen mit pikanter Fleischfüllung – die portugiesische Variante der *Samosas.*

CHANUM Usbekistan; *siehe Hanum.*

CHIBUREKKI Kaukasus, Russland, Türkei, Ukraine, Zentralasien; siehe *Tschebureki.*

CHINKALI Georgien; siehe *Khinkali.*

CHUCHVARA Usbekistan. Sehr kleine Teigtaschen, gefüllt mit Rind- oder Lammfleisch, püriertem Gemüse, Speck und viel Zwiebeln, in Suppe oder Wasser gekocht. Man isst sie in der Suppe oder mit Essig, pikanter Tomatensauce oder »russisch« mit saurer Sahne oder *Suzma,* einer mit Paprikapulver und Salz vermischten Creme aus abgetropftem *Qatiq,* einem fermentierten Milchprodukt.

CHUKAMAN Japan. Die an chinesische *Baozi* erinnernden Klöße werden mit Bohnen oder Schweinefleisch gefüllt.

CHUUSCHUUR Mongolei; siehe *Khuuschuur.*

CIALZONS, CJALZONS, CJALSONS Friaul. Spezielle *Ravioli*-Art, auch *Agnolotti carnici* genannt, gefüllt mit Kalbfleisch, Huhn, Bries oder Kartoffeln. Es gibt zudem Varianten mit Ricotta und Quittenmarmelade oder Räucherricotta, Sultaninen und Zimt. Manchmal werden in den Teig zusätzlich ein paar zerstampfte Kartoffeln eingearbeitet.

ÇIĞ BÖREK Türkei; siehe *Tschebureki.*

CULINGIONES, CULUNZONES, CULURGIONES Sardinien. Längliche, gefüllte *Ravioli* mit ährenförmiger, kunstvoll gefälteter Teignaht. In manchen Gegenden der Insel auch *Angiolotus* genannt. Ihre Füllung besteht aus Schafskäse, Kartoffeln und Minze, Wildschweinfleisch oder gesüßtem Ricotta. Die Teigtaschen werden meist gekocht und mit einer Sauce aus frischen Tomaten und Pecorino serviert; manchmal bekommt man sie gebraten. Eine Mischvariante wird in den Abruzzen gegessen: Mit Ricotta, Zimt und Zucker gefüllte Teigtaschen, die mit Tomatensugo serviert werden.

CURRY PUFFS Malaysia, Singapur, Thailand, Indonesien, Brunei; siehe *Karipap.*

DIDŽKUKULIAI Litauen; siehe *Cepelinai.*

DIM SUM China. Sammelbegriff für kleine gedämpfte Teigtaschen, ursprünglich aus der kantonesischen Küche; in Nordchina eher deftig und fett, vor allem

mit Fleisch und viel Knoblauch gefüllt; im Süden, hauptsächlich in Hongkong, auch mit Gemüse oder Meeresfrüchten.

DUSHBARA, DUSHPARA Aserbaidschan. Winzige Teigtaschen mit Lammfleischfüllung, die in einer Lammbrühe gekocht und serviert werden.

EMPADINHAS Brasilien. Der Teig wird mit Mehl, Butter und Eiern hergestellt. Die Füllung besteht aus Meeresfrüchten, Gemüse, frischen Kräutern oder Fisch. Sie werden in Förmchen gebacken.

EMPANADAS Spanien, Südamerika. Frittierte oder gebackene Teigtaschen, meist halbmondförmig, gefüllt mit Fleisch, Hähnchen, Thunfisch, Gemüse oder Käse.

FATAYA, FATAYER Nord- und Westafrika, vor allem Senegal, Arabische Halbinsel, Nahost. Beliebter Snack aus Hefeteig, gefüllt mit Fleisch, Spinat, Mangold oder Käse.

GÖZLEME Türkei. Anatolische Fladenspezialität, die auf einer nach oben gewölbten heißen Platte, dem *Sac,* gebacken wird. Es gibt auch Rezepte, bei denen der Teig in der Pfanne gebraten, mit Schafkäse bedeckt und zu einer Tasche zusammengeklappt wird.

GÜLSUM Türkei. Gebackene, halbmondförmige Teigtaschen, oft mit Schafkäse gefüllt.

GUOTIE China. Gebratene *Jiaozi,* auch *Potsticker* (Topfkleber) genannt.

GYOZA Japan. Den chinesischen *Jiaozi* nachempfundene, halbmondförmige Teigtaschen mit Fleisch- oder Gemüsefüllung, gebraten oder gedämpft.

HANUM Usbekistan. Mit Fleisch oder Kartoffeln gefüllte, gedämpfte Teigroulade.

IDRIJSKI ŽLIKROFI Slowenien. Regionale »Garantierte Traditionelle Spezialität« aus dem Städtchen Idrija, westlich von Ljubljana. Die Teigtaschen in Hütchenform werden mit Speck und Kartoffeln gefüllt.

JIAOZI China. Halbmondförmige Teigtaschen, gefüllt mit Fisch, Hackfleisch, Hähnchen, Garnelen, Gemüse, Bärlauch

oder einer Mischung aus Fleisch und Garnelen, gedämpft oder gebraten; siehe auch *Dim Sum.*

KALDUNY, KOLDUNY Litauen, Weißrussland, Polen. Mit Fleisch oder Pilzen gefüllte Teigtaschen, ähnlich den *Pierogi* oder *Pelmeni;* gegessen werden sie mit saurer Sahne oder es werden gebratene Speck- und Zwiebelwürfel darüber gestreut.

KARIPAP Malaysia, Singapur, Thailand, Indonesien, Brunei. Frittierte Teigtaschen, auch *Curry puffs* genannt, meist länglich oder halbmondförmig, gefüllt mit Kartoffeln, Gemüse oder Hähnchen, gewürzt mit Curry (je nach Region Garam masala, Knoblauch, Ingwer, Kurkuma). Dazu wird Chilisauce gereicht.

KÄRNTNER NUDELN Österreich/Kärnten. Bis zu kinderfaustgroße Teigtaschen aus Kärnten. Traditionell gefüllt mit Quark, Kartoffeln und Minze *(Kasnudeln),* es gibt sie aber auch als *Fleischnudeln* oder in einer süßen Variante, etwa mit Dörrbirnen. Serviert werden *Kärntner Nudeln* mit zerlassener Butter oder knusprigen Grieben.

KARJALAN PIIRAKKA Finnland. Gebackene Taschen aus sehr dünnem Roggenmehlteig, gefüllt mit gesalzenem Milchreis, Gerstenbrei oder Kartoffelstampf. Zu den karelischen *Piroggen* isst man eine Creme aus Butter und klein geschnittenen harten Eiern, oder die *Pirogge* wird wie ein Brot mit Wurst, Schinken oder Käse belegt.

KASKONI Usbekistan; anderer Name für *Manty,* siehe dort.

KASNUDELN Österreich; siehe *Kärntner Nudeln.*

KAWA MANTISI Xinjiang, Zentralasien. Ursprünglich uigurische Teigtaschenspezialität, gefüllt mit Lamm, Kürbis und Zwiebeln, manchmal Karotten. *Kawa mantisi* werden gedämpft und mit Paprikapulver, saurer Sahne oder flüssiger Butter serviert, teilweise auch mit einer Sauce aus Essig und klein geschnittenen Zwiebeln. In der autonomen chinesischen Region Xinjiang isst man sie oft pur.

KHINKALI Georgien. Große, gekochte Teigtaschen, meist mit Fleisch gefüllt. Sie werden ohne Beilage und Besteck verzehrt.

KHUUSHUUR Mongolei. Große, flache, halbmondförmige Teigtaschen mit Hackfleischfüllung, frittiert oder in Öl gebraten.

KIBINAI Litauen. In der einstigen litauischen Hauptstadt Trakai sind diese Teigtaschen der karäischen Minderheit äußerst beliebt; die schiffchenförmigen Hefeteigtaschen mit dem »gedrechselten« Teigverschluss sind meist mit Fleisch gefüllt.

KLEPE Bosnien. Mit Fleisch gefüllte, gekochte Teigtaschen.

KRAPFEN Kärnten. In einigen Teilen Oberkärntens, etwa im Gailtal, werden *Kärntner Nudeln* als *Krapfen* bezeichnet, obwohl sie nichts mit den gleichnamigen Schmalzküchlein zu tun haben.

KREPLACH Israel, aschkenasisch-jüdische Küche. Teigtaschen mit Rind-, Hähnchen-, Leber-, Gemüse-, Kartoffel- oder Käsefüllung. *Kreplach* werden meist gekocht und in einer Hühnersuppe serviert und sind eine beliebte Speise für Feiertage, etwa zum Jüdischen Neujahr. In Öl ausgebratene *Kreplach* werden oft für das Lichterfest Hanukkah zubereitet.

LIHA PIIRAKKA Finnland. Mit Fleisch oder Wurst und Reis gefüllte, frittierte *Pirogge.* Ein beliebter Snack, der mit Senf, Ketchup oder einem Relish aus eingelegten Gurken gegessen wird; siehe auch *Piroggen* und *Karjalan Piirakka.*

MANDU Korea. Den chinesischen *Jiaozi* ähnliche, halbmondförmige Teigtaschen. Sie werden gekocht, gedämpft oder gebraten und meist mit dem typischen, milchsäurevergorenen Gemüse *Kimchi* und einem Dip aus Sojasauce und Reisessig gegessen.

MANTI Türkei. Diese Teigtäschchen zählen zu den winzigsten der Welt und sind eine Spezialität der Provinz Kayseri. Sie werden mit Fleisch gefüllt, gekocht und mit einer Joghurt-Knoblauch-Sauce und flüssiger Paprikabutter gegessen.

MANTOU China. Gedämpfte Klöße aus Weizenteig, ähnlich den europäischen Dampfnudeln; manchmal bekommt man sie auch gebraten.

MANTU Afghanistan, Saudi-Arabien. Gedämpfte, mit Rind- oder Lammfleisch und Zwiebeln gefüllte Teigtaschen. Dazu wird ein Dip aus Joghurt, Minze, Knoblauch und Zitronensaft serviert, eine Sauce aus Bohnen, Erbsen, manchmal auch Hackfleisch und Tomaten oder ein scharfes Chutney.

NIKUMAN Japan; siehe *Chukaman.*

PANADES Balearen, Belize. Runde Teigküchlein, die pikant oder süß gefüllt sind und kulinarisch zur Osterwoche gehören.

PANSÓTI, PANSOTTI Ligurien. Ravioliähnliche Teigtaschen, meist mit Ricotta und Spinat, selten mit Fleisch gefüllt; sehr typisch für die Genueser Küche sind *Pansotti* mit Nusssauce. Wie bei den *Panzerotti* kommt der Name vom örtlichen Dialektwort für Bauch.

MANTY, MANTI Zentralasien, Russland. Gedämpfte, oft sehr große Teigtaschen mit – meist sehr fettem – Lamm-, Hammel- oder Rindfleisch und Zwiebeln gefüllt. Gegessen werden sie in einer Brühe oder mit saurer Sahne, flüssiger Butter, Zwiebelsauce oder Joghurt.

MATAZ Kaukasus. Den *Manti* ähnliche Teigtaschen, mit pikant gewürztem Hackfleisch, Pilzen, Käse oder Kartoffeln gefüllt; sie werden gekocht oder gedämpft.

MAULTASCHEN Deutschland. Rechteckige, mit Fleisch gefüllte Teigtaschenspezialität aus Schwaben (Teile Baden-Württembergs und Bayerns). Maultaschen werden in einer Fleischbrühe gegessen, geschmälzt mit in Butter gebratenen Zwiebeln oder geröstet und eventuell mit Käse überbacken; dazu gibt es »schlonzigen« Kartoffelsalat.

MEZZELUNE Italien; siehe *Casunziei ampezzani.*

MOMOS Tibet, Nepal. Große runde Teigtaschen, mit Fleisch oder Gemüse gefüllt; meist gedämpft, man kann sie aber auch kochen oder braten.

PANZEROTTI, PANZAROTTI Süditalien. Mit Hackfleisch, Tomaten, Sardellen, Oliven oder Gemüse gefüllte, meist halbmondförmige Teigtaschen aus Hefeteig (Pizzateig), die frittiert oder gebacken werden: Der Name ist aus dem neapolitanischen Dialektwort für (dicker) Bauch *(panza)* abgeleitet, weil sich die Täschchen im heißen Öl aufblähen.

PANZEROTTINI Mittel- und Süditalien. Kleine *Panzerotti;* manchmal aus Blätterteig, gefüllt mit Ricotta und Marmelade.

PARDULAS Sardinien. Süße Teigtaschen, gefüllt mit Frischkäse.

PASTÉIS Brasilien. Den *Empanadas* ähnliche, frittierte Teigtaschen, gefüllt mit Rindfleisch, Hähnchen, Meeresfrüchten oder Käse; der Überlieferung nach handelt es sich um eine Adaptierung der *Gyoza* (viele Japaner arbeiteten Anfang des 20. Jahrhunderts auf den dortigen Kaffeeplantagen) oder der Teigtaschen italienischer Einwanderer.

PASTEZINHOS Brasilien. Ihr Teig wird aus Mehl, Butter und Käse hergestellt. Die halbmondförmigen *Pastezinhos* werden mit Käse oder Schinken gefüllt und im Ofen gebacken.

PELMENI Russland. In Wasser oder Brühe gegarte Teigtaschen mit Hackfleischfüllung, die optisch an *Tortelloni* erinnern. Man isst sie mit heißer Butter, saurer Sahne oder Schmand, mit gebratenen Zwiebeln und Speck, Essig oder in der Suppe; es gibt sie auch mit saurer Sahne überbacken.

PIEROGI Polen, Osteuropa. Beliebtes Nationalgericht, das der Überlieferung nach der Heilige Hyazinth einst ins Land brachte (ihm zu Ehren findet in Krakau alljährlich ein *Pierogi*-Fest statt). *Pierogi* können rund, eckig oder halbmondförmig sein, aus Nudelteig, seltener aus Blätter- oder Hefeteig; sie werden gekocht, manchmal auch gebraten. Es gibt sie in unzähligen Varianten, mit pikanter oder süßer Füllung – mit Fleisch, Käse, Quark, Kartoffeln, Pilzen, Leber, Weißkohl oder Sauerkraut, im Sommer oft mit frischen Früchten.

PIRAGI Lettland. Halbmondförmige Teigtaschen, mit fein geschnittenem Speck und Zwiebeln gefüllt. *Piragi* sind als Snack oder Vorspeise sehr beliebt und schmecken am besten lauwarm aus dem Backofen.

PIROGGEN, PIROGGI, PIROGI Russland, Osteuropa, Finnland, Eurasien. Teigtaschen aus Hefe-, Nudel- oder Blätterteig, manchmal aus ungezuckertem Mürbeteig, gefüllt mit Fleisch, Kraut, Kartoffeln, Eiern, Fisch, Krabben oder süß mit Apfelmus; gebacken oder in Salzwasser gekocht. Der Name *Pirogge* könnte vom altrussischen Wort für Gastmahl abgeleitet sein oder vom Wort für Kuchen *(pirok, pirog)*. Vor allem in Russland galten *Piroggen* lange als Gericht für besondere Anlässe, auch in manchen Sprichwörtern kommen sie vor. Ursprünglich waren sie rechteckig, inzwischen gibt es zudem runde oder dreieckige; siehe auch *Karjalan Piirakka.*

PIROSCHKI Russland, Polen. Kleine *Piroggen,* pikant oder süß gefüllt, gebacken oder frittiert.

POGAČA, POAÇA, POĞAÇA Balkan, Türkei, Griechenland. Gebackene Teigtaschen mit Käse, Grieben, Kartoffeln oder Fleisch.

POGATSCHEN Deutschland, Österreich; *siehe Poaca.*

POTSTICKER China; siehe *Guotie.*

POZI Russland, vor allem Sibirien. Gedämpfte Teigtaschen, ähnlich den mongolischen *Buuds;* meist mit Fleisch vom Rind, Schwein oder Lamm gefüllt.

PUPUSAS Mittelamerika. Teigtaschenähnliche *Tortilla*-Variation: Teigbällchen aus Maismehl werden mit Fisch, Huhn, Frischkäse oder Gemüse gefüllt, flach gedrückt und in der Pfanne gebraten. *Pupusas* gelten in El Salvador als Nationalgericht; dazu isst man einen scharfen Dip oder pikant-säuerliches *Curtido,* eine fermentierte Mischung aus klein geschnittenem Kraut, Zwiebeln und Karotten (ähnlich dem koreanischen *Kimchi).*

RAVIOLI Nord- und Mittelitalien. *Ravioli* gelten als die »Urmutter« der gefüllten Teigtaschen des Landes. Die Täschchen aus Eiernudelteig können quadratisch oder rechteckig, kreisrund, halbmondförmig oder dreieckig sein; man füllt sie mit Spinat und Quark, einer Farce aus Fleisch oder Innereien, Mangold, Fisch, Meeresfrüchten, Frischkäse, Gemüse, Esskastanien oder Kürbis. In Ligurien kommt traditionell Borretsch in die Füllung. *Ravioli* werden in Salzwasser gekocht und mit Butter und geriebenem Parmesan, ein wenig Olivenöl oder einem Tomaten- oder Fleischsugo serviert.

RAVIOLI CAPRESI Capri; siehe *Caprioti.*

RAVIOLI DEL PLIN Piemont; siehe *Agnolotti.*

RAVIOLIS NIÇOIS Südfrankreich, vor allem Nizza. *Ravioli,* die mit Mangold und durch den Fleischwolf gelassenen Stücken von Rinderschmorbraten gefüllt werden. Man serviert sie mit Fleischsugo und geriebenem Parmesan.

RAVIOLI TIROLESI Österreich/Tirol und Italien/Alto Adige (Südtirol); *siehe Schlutzkrapfen.*

RISSOIS Portugal, Macau. Kleine, frittierte Teigtaschen mit Fisch- oder Krabbenfüllung, manchmal mit Schinken oder Hähnchen gefüllt. Es gibt auch Varianten mit Brandteig oder paniert; beliebt als Snack oder Vorspeise.

RUOJIABING Nordwestchina. Teigtaschen mit scharf gewürztem Lammfleisch und reichlich Zwiebel gefüllt.

SALTANOSIAI Litauen. Süße Teigtaschen, genannt »Kalte Nasen«, gefüllt mit Kirschen, Blaubeeren oder Johannisbeeren. Man isst sie mit saurer Sahne und Zucker; siehe auch *Virtiniai.*

SAMBUSAS Nordafrika, Somalia, Uganda, Nahost, Iran. Die dreieckigen Taschen aus Mehl und Wasser werden meist mit Fleisch gefüllt, mit Chili, Kreuzkümmel, Koriander und Kardamom kräftig gewürzt und in Fett gebacken; beliebter Snack. Siehe auch *Somsas.*

SAMOSAS Indien, Pakistan. Dreieckige oder halbkreisförmige Teigtaschen, gefüllt mit Kartoffeln, Spinat, Reis oder Erbsen, mit Meeresfrüchten oder Fleisch vom Lamm oder Hähnchen, manchmal mit Nüssen oder Kokos. Die indischen Teigtaschen haben zentralasiatische Wurzeln und sind das Streetfood schlechthin. Sie werden frittiert und mit einer scharfen Chilisauce und würzigen Chutneys gegessen. Siehe auch *Somsas.*

SAMSA Usbekistan; siehe *Somsa.*

SAMSY, SAMSSA Zentralasien, Nordafrika, Xinjiang. Teigtaschen, je nach Region pikant mit Hammel- oder Lammfleisch, Hähnchen, Käse, Kartoffeln oder Kürbis gefüllt, oder auch süß mit Frischkäse, Honig oder Mandeln; sie werden meist frittiert.

SANBUSAK, SAMBUSAK Nahost, Arabische Halbinsel, Irak, Iran. Dreieckige oder halbmondförmige Teigtäschchen, gefüllt mit Fleisch und Zwiebeln oder süß mit geriebenen Walnüssen oder Mandeln, Zucker und Rosenwasser, bestreut mit Sesam.

SCHARIKI Russland. Kleine *Pelmeni.*

SCHLICKKRAPFEN, SCHLIPFKRAPFEN, SCHLIERKRAPFEN Österreich/Kärnten und (Ost)Tirol. Kleine gekochte Teigtaschen, gefüllt mit Fleischbrät oder Innereien und Kräutern, meist in einer Suppe serviert; siehe auch *Schlutzkrapfen.*

SCHLUTZKRAPFEN Österreich/Tirol, Italien/Alto Adige (Südtirol). Klassisches Gericht der bäuerlichen Regionalküche, mit Kalb- oder Rindfleisch, Kartoffeln, Käse oder Roter Bete gefüllt, in Salzwasser gekocht und je nach Gegend und Geschmack mit heißem Schmalz oder brauner Butter und geriebenem Parmesan gegessen.

SEADAS, SEBADAS Sardinien. In Olivenöl frittierte Teigtaschen, gefüllt mit jungem Pecorino und Honig oder Zucker.

SHAMBURAK Arabische Küche. Flache Teigtaschen, mit Fleisch oder Käse gefüllt.

SHANGHAINESE STEAMED BUNS China. Kleine Täschchen aus besonders dünnem Teig, die kunstvoll mit Falten – mindestens 14, manchmal bis zu 24 – verschlossen werden. Erfunden wurden sie vor rund 100 Jahren in Shanghai; es gibt sie mit den unterschiedlichsten Füllungen – mit Schweinefleisch, pur oder mit Garnelen gemischt, Gemüse, Meeresfrüchten, Fischeiern. Meist werden sie gedämpft, manchmal frittiert. Es gibt zudem Täschchen, die mit Brühe gefüllt sind. Siehe auch *Xiaolongbao.*

SHISHBARAK, SHUSHBARAK Irak, Libanon, Syrien, Palästina; arabische Küche. Orientalische *Ravioli* aus Weizenmehl, gefüllt mit Hackfleisch, in einer Joghurtbrühe gegart.

SIGARA BÖREĞI Türkei; siehe *Börek* und *Zigaretten-Börek.*

SIOPAO Philippinen. Den chinesischen *Baozi* ähnliche Teigtaschen, gefüllt mit Schweine- oder Rinderhack, gewürzt mit Soja- und Austernsauce.

SOMSA Usbekistan. Diese Teigtaschen zählen zu den usbekischen Nationalspeisen. Man füllt sie mit Fleischstückchen vom Rind oder Lamm, Lammfett und Zwiebeln und bäckt sie im *Tandyr,* einem zylindrischen Tonofen. Siehe auch *Samosas.*

SONGPYEON Korea. Halbmondförmige Täschchen aus Klebreismehl, gefüllt mit Sesam und Mungobohnen, gedämpft auf Piniennadeln. Traditionell werden sie im Rahmen des Erntedankfests gegessen.

TIROPITAKIA Griechenland. Halbmondförmige Teigtaschen, meist mit Feta gefüllt und gebacken – als Snack oder Vorspeise.

TIRTELN Österreich/Tirol, Italien/Alto Adige (Südtirol). Runde Teigtaschen aus Roggen- oder Weizenmehl, Milch und Eiern. Es gibt sie süß oder pikant gefüllt: mit Kraut, Fleisch, Spinat, Mangold, Kartoffeln und Quark, oder mit Marmelade, Grieß, Schokolade oder Preiselbeeren. Sie werden in heißem Butterschmalz ausgebacken.

TORDELLI Toskana. In manchen Gegenden der Region, besonders rund um Lucca, heißen *Ravioli* mit Fleischfüllung *Tordelli;* sie sind meist dreieckig und werden mit Fleischsugo gegessen.

TORTELLI Emilia Romagna, Lombardei. In Parma und Umgebung heißen *Ravioli* oft *Tortelli,* gefüllt mit Fleisch, Spinat und Ricotta, Pilzen oder Gemüse. Eine Spezialität aus Mantua sind *Tortelli di zucca,* Teigtaschen mit Kürbisfüllung. Siehe auch *Tortelloni.*

TORTELLINI Emilia Romagna. Kleine, mit Fleisch gefüllte Teigtäschchen, nach dem »Nabel der Venus« geformt. Sie werden traditionell in einer guten Fleischbrühe gegessen, manchmal mit Sahnesauce *(Tortellini alla panna).*

TORTELLONI Emilia Romagna, Nord- und Mittelitalien. Die größeren Geschwister der *Tortellini* werden mit Hackfleisch, Ricotta und Spinat, in der Saison mit Wild, Gänsefleisch oder Pilzen gefüllt. Eine besondere Spezialität aus Mantua sind *Tortelloni (Tortelli)* mit Kürbisfüllung. Meist werden sie mit geschmolzener Butter, geriebenem Parmesan, manchmal mit Fleisch- oder Wildsugo serviert.

TRUCHAS DE NAVIDAD Kanaren. Süße, halbmondförmige Teigtaschen, die frittiert bzw. in heißem Öl ausgebacken werden. Ihre Füllung kann aus Süßkartoffeln mit Mandeln oder aus Ziegenfrischkäse mit Zucker, Zimt und Anis, teilweise auch Anislikör bestehen.

TSCHEBUREKI Russland, Kaukasus, Türkei, UdSSR-Nachfolgestaaten, Zentralasien. Deftige, halbmondförmige flache Teigtaschen mit Fleisch; sie werden in heißem Fett gebacken und sind als Vorspeise oder Snack sehr verbreitet.

TSCHUTSCHWARA Usbekistan; siehe *Chuchvara.*

TÜRTELN Österreich/Tirol, Italien/Alto Adige (Südtirol); siehe *Tirteln.*

USZKA, USHKA Polen. Teigtäschchen, ähnlich den italienischen *Tortellini,* die man traditionell mit Borschtsch (Rote-Bete-Suppe) oder einer einfachen Fleischbrühe isst. »Kleine Ohren«, wie sie auch genannt werden, sind meist mit Pilzen oder Fleisch gefüllt.

URECHIUŞE Rumänien. Kleine Teigtaschen in einer Fleischbrühe, ähnlich den polnischen *Uszka.*

VARENIKI Ukraine, Russland; siehe *Wareniki.*

VIRTINIAI Litauen. Gekochte Taschen aus Weizenteig. Man füllt sie mit gekochten Kartoffeln und Zwiebeln, oft kommen noch Speck und kleine Stücke Fleisch oder Hering dazu, und isst sie mit knusprigen Grieben, saurer Sahne oder flüssiger Butter. Es gibt zudem Füllungen mit Quark, Minze und Zucker und mit Obst; siehe auch *Saltanosiai.*

WARENIKI Ukraine, Russland. Ukrainisches Nationalgericht, das auch in Russland und den UdSSR-Nachfolgestaaten sehr beliebt ist und ursprünglich aus Zentralasien stammt. Die Teigtaschen sind etwas größer als *Pelmeni,* werden mit Fleisch, Pilzen oder Gemüse gefüllt und in Wasser oder Brühe gegart. Man isst sie mit viel zerlassener Butter und saurer Sahne. Im Sommer werden *Wareniki* oft mit Früchten wie Kirschen oder Weichseln gefüllt.

WONTON, WAN TAN China. Teigtäschchen *(Jiaozi),* die in einer Nudelsuppe gegessen werden.

XIAOLONGBAO Ostchina. Kleine, gedämpfte Teigtaschen, meist mit Schweinefleisch und Garnelen oder nur mit Fleisch gefüllt. Besonders in Wuxi und Shanghai verbreitet. Siehe auch *Shanghainese Steamed Buns, Dim Sum* und *Baozi.*

YOMARI Nepal. Rundlich-längliche oder dreieckige Reisteigtäschchen, gefüllt mit Zuckersirup und Sesam. Traditionelles Gericht der Volksgruppe der Newar aus dem Kathmandu-Tal. *Yomari* werden vor allem im Rahmen des gleichnamigen Vollmondfestes Yomari Punhi gegessen.

ZIGARETTEN-BÖREK Türkei. Mit Schafkäse und Kräutern gefüllte, frittierte Teigröllchen; siehe auch *Börek.*

ŽLIKROFI Slowenien; siehe *Idrijski žlikrofi.*

IN EIGENER SACHE

HEIMO AGA begann seine Karriere als schreibender Bildjournalist mit Veröffentlichungen in »GEO«, »Stern«, »profil« oder »New York Times Magazine«. Nach Reportagen vom Zerfall des Ostblocks und des ehemaligen Jugoslawien erregte er Aufsehen mit einem bei Hädecke erschienenen Bildband über die schönsten Luxuszüge der Welt und war unter anderem beim ersten kommerziellen Flug eines Airbus A380 mit an Bord. Neuerdings widmet er sich verstärkt dem Filmemachen – seine ersten langen Dokumentarfilme »KO« und »Fair Enough" feiern 2017 Premiere.
www.heimoaga.com

NICOLE SCHMIDT begann nach ihrem Publizistik-Studium in den 1980er-Jahren als Journalistin zu arbeiten, schrieb unter anderem für Zeitschriften wie »Cosmopolitan«, »Wienerin«, »Ikarus«, »Esquire« und »À la Carte« und verfasste mehrere Reiseführer über ihre Heimatstadt Wien. Sie war acht Jahre lang Chefredakteurin des Austrian Airlines-Bordmagazins »Skylines« und von 1997 bis 2016 Chefin vom Dienst des österreichischen Nachrichtenmagazins »profil«. Nicole Schmidt lebt als Journalistin und Autorin in Wien. Bevorzugte Themen: Reisen und Kulinarik.
www.nicoleschmidt-read.me

ZUM VORLIEGENDEN BUCH: Nach zwei opulenten Bildbänden – »Flussreisen«, »Luxus unter Segeln« – und zahlreichen gemeinsamen Reportagen begaben sich Heimo Aga und Nicole Schmidt auf Entdeckungsreise durch die faszinierend vielfältige Geschichte einer weltweit verbreiteten Speise: der gefüllten Teigtasche.

Italien
Angiolotus, Culingiones, Agnolotti, Agnolotti del plin, Agnelotti, Agnulot, Agnolotti carnici, Anolini, Cappellacci, Cappelletti, Caprioti (Ravioli capresi), Casoncelli, Casonsei, Casunziei ampezzani, Cialzons, Cjalzons, Cjalsons, Culingiones, Culunzones, Culurgiones, Panzarotti, Panzerotti, Panzerottini, Pansóti, Pansotti, Pardulas, Ravioli, Ravioli capresi (Caprioti), Ravioli del plin, Ravioli tirolesi, Schlutzkrapfen, Seadas, Sebadas, Tirteln, Türteln, Tordelli, Tortelli, Tortellini, Tortelloni

Deutschland
Maultaschen, Pogatschen

Litauen
Cepelinai, Kalduny (Kolduny), Kibinai, Saltanosiai, Virtiniai

Polen
Kalduny (Kolduny), Pierogi, Uszka (Ushka)

Lettland
Piragi

Finnland
Karjalan Piirakka, Liha Piirakka

Spanien
Empanadas, Panades (Balearen)

Portugal
Chamuça, Rissois

Südfrankreich
Raviolis niçois

Brasilien
Empadinhas, Pastezinhos

Kanaren
Truchas de Navidad

(Nord)Afrika
Brik (Tunesien), Bourek, Chamuça (Mozambique), Fatay, Fataya, Fatayer (Senegal), Sambusas (Somalia), Samsy, Samssa

Mittelamerika
Pupusa

Österreich
Kärntner Nudeln, Kasnudeln, Krapfen, Pogatschen, Schlutzkrapfen, Schlickkrapfen, Schlipfkrapfen, Schlierkrapfen, Tirteln, Türteln

Südamerika
Empanada

Balkan
Bourek, Klepe (Bosnien), Pogača

Slowenien
Idrijski žlikrofi

Griechenland
Bougátsa, Tiropitakia

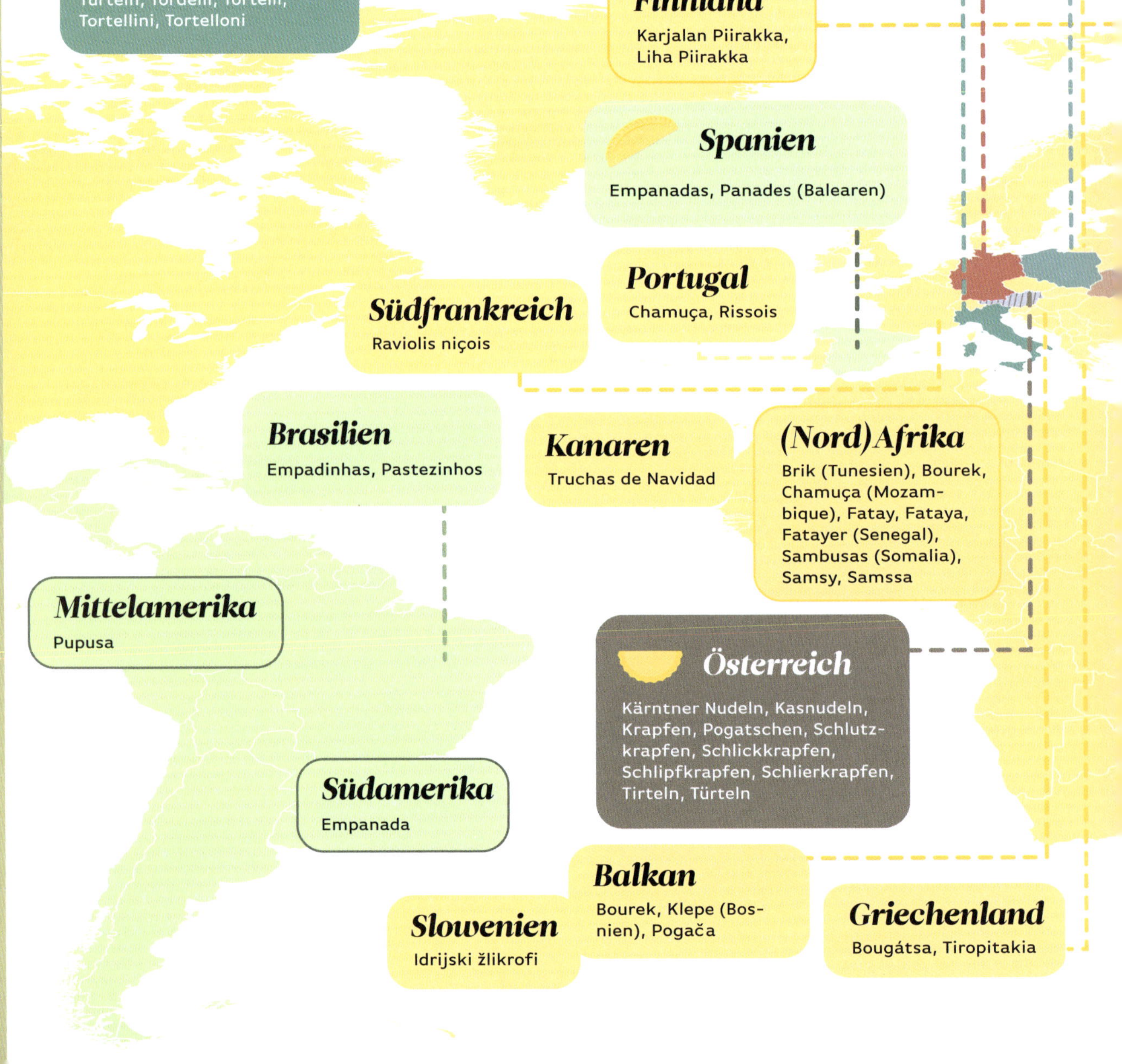

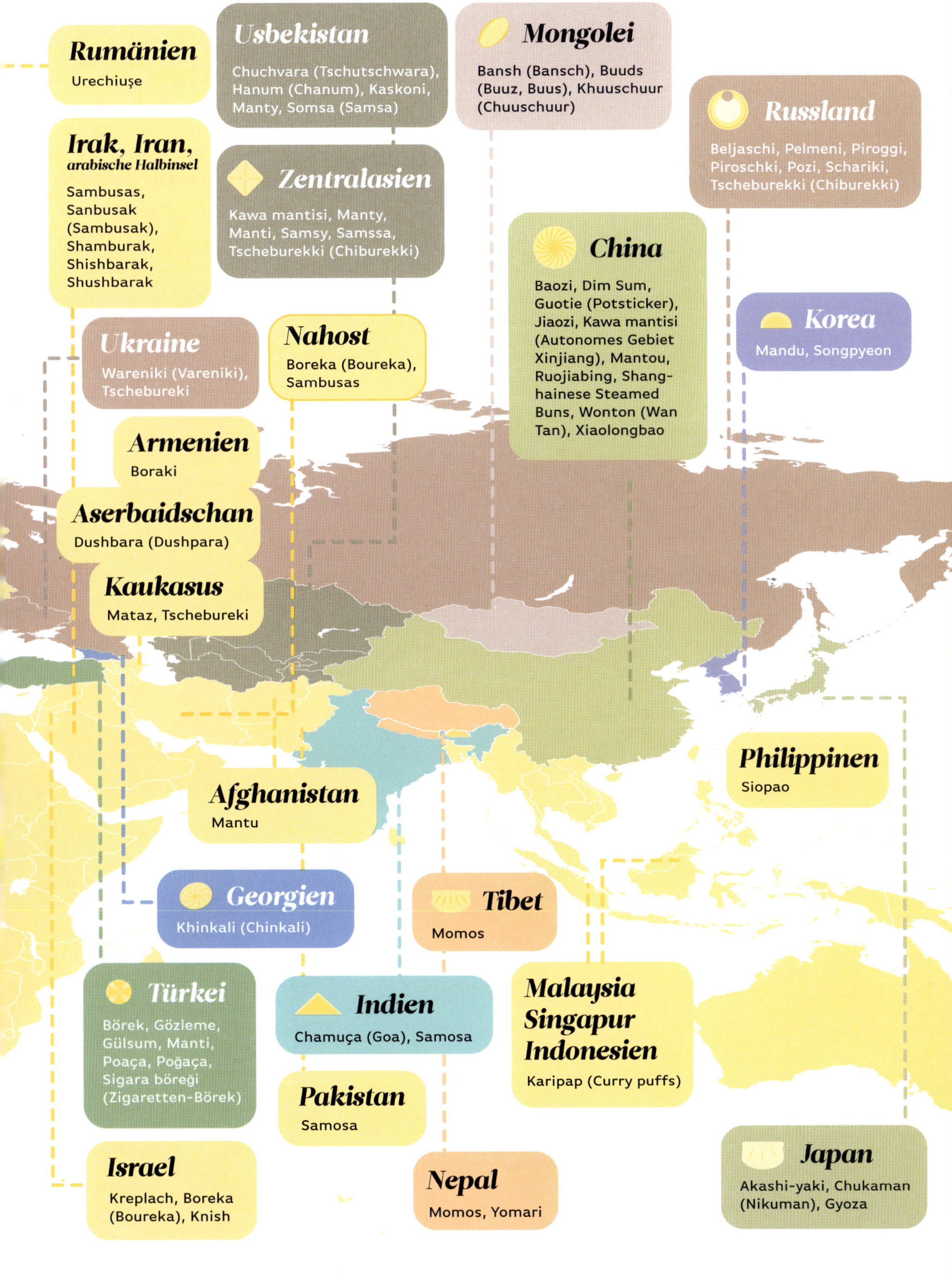
Rumänien
Urechiuşe
Usbekistan
Chuchvara (Tschutschwara), Hanum (Chanum), Kaskoni, Manty, Somsa (Samsa)
Mongolei
Bansh (Bansch), Buuds (Buuz, Buus), Khuuschuur (Chuuschuur)
Russland
Beljaschi, Pelmeni, Piroggi, Piroschki, Pozi, Schariki, Tscheburekki (Chiburekki)
Irak, Iran, arabische Halbinsel
Sambusas, Sanbusak (Sambusak), Shamburak, Shishbarak, Shushbarak
Zentralasien
Kawa mantisi, Manty, Manti, Samsy, Samssa, Tscheburekki (Chiburekki)
China
Baozi, Dim Sum, Guotie (Potsticker), Jiaozi, Kawa mantisi (Autonomes Gebiet Xinjiang), Mantou, Ruojiabing, Shanghainese Steamed Buns, Wonton (Wan Tan), Xiaolongbao
Korea
Mandu, Songpyeon
Ukraine
Wareniki (Vareniki), Tschebureki
Nahost
Boreka (Boureka), Sambusas
Armenien
Boraki
Aserbaidschan
Dushbara (Dushpara)
Kaukasus
Mataz, Tschebureki
Philippinen
Siopao
Afghanistan
Mantu
Georgien
Khinkali (Chinkali)
Tibet
Momos
Türkei
Börek, Gözleme, Gülsum, Manti, Poaça, Poğaça, Sigara böreği (Zigaretten-Börek)
Indien
Chamuça (Goa), Samosa
Malaysia Singapur Indonesien
Karipap (Curry puffs)
Pakistan
Samosa
Israel
Kreplach, Boreka (Boureka), Knish
Nepal
Momos, Yomari
Japan
Akashi-yaki, Chukaman (Nikuman), Gyoza

HERZLICHEN DANK ...

... an alle, die uns mit Informationen, Tipps und Rezepten beim Zustandekommen dieses Buches geholfen haben:

NANA ANSARI · Café Ansari, Wien *www.cafeansari.at*

GEORG »SCHORSCH« BARTA UND PETRA KIRCHHERR · Gaststätte Ochsen zu Diefenbach, Sternenfels-Diefenbach *www.ochsen-zu-diefenbach.de*

MARIA GRAZIA BATTISTINI, Castelfranco Emilia

MASSIMO BOTTURA · Osteria Francescana, Modena, *www.osteriafrancescana.it*

SAIKHANTUYA BUYANNASAN Österreichisch-Mongolische Gesellschaft, Wien, *www.mongolei.or.at*

HALINA CHEUNG, Hongkong

CHEUNG PANG HOU · Nanxiang Steamed Bun, Hongkong

GIANNI DEGLI ANGELI · Associazione La San Nicola, Castelfranco Emilia, *www.lasannicola.it*

LUCA DEGLI ANGELI, Castelfranco Emilia

KEBIRE UND CETIN ERDOGAN, Wien

YVONNE GALLI, Castelfranco Emilia

FRANZ GASPARRO, MARLIES MAYER · Kärntnernudelfestverein Oberdrauburg, *www.kaerntnernudel.at*

DOTTORESSA AMELIA GIARMOLEO· Museo Nazionale delle Paste Alimentari, Rom *www.museodellapasta.it*

JO, MO, JULIA UND SIMONE GRAFF Weil der Stadt, *www.hädecke.de*

HUI YUEN PIK & IHRER QI-GONG-GRUPPE im Victoria Park, Hongkong

HERBERT UND SIEGLINDE KAMELGER · Seiterhof, Dobbiaco/Toblach, *www.seiterhof.info*

SHAVKAT KHODJAEV & HIS GUIDES AND DRIVERS, Usbekistan, *www.advantour.com*

CATHARINE KIANG · Kiang, Wien, *www.kiang.at*

MONIKA KRZYNOWEK, Krakau

BONNIE KWOK, JESSICA TSANG · Ritz-Carlton, Hongkong

TERENCE LAM · Lotus Advertising & Public Relations Ltd., Hongkong

LEUNG TSANG HOI · Tin Lung Heen, Ritz-Carlton, Hongkong *www.ritzcarlton.com/en/hotels/china/hong-kong*

ALEXANDER VINCENT LITSAUER Puerta del Sol, Wien, *www.tapas-bar.at*

DANNY LUI · Nanxiang Steamed Bun, Hongkong

MAK CHI MING · Mak's Wonton, Hongkong

DR. JOHANNES NEUMANN, Hongkong & Wiesen

LOREDANA ROSSI RIEDMILLER, Mailand

SHIN PI MEI WANG RONG · Nanxiang Steamed Bun, Hongkong

SISSY UND STEFANIE SONNLEITNER · Landhaus, Restaurant und Genusswerkstatt, Kötschach-Mauthen, *www.sissy-sonnleitner.at*

SUN HONG LEE · Mandu & Co., Wien , *www.manduco.at*

MAG. WLODZIMIERZ SZELAG · Polnisches Fremdenverkehrsamt, Wien

WU ZHING YEE · Li Heung Tea House, Hongkong

Impressum

1. Auflage

4 3 2 1 | 2020 2019 2018 2017

ISBN 978-3-7750-0699-6

www.hädecke.de

www.mizzis-kuechenblock.de

www.facebook.com/haedecke.verlag

Fotos: Heimo Aga; Seite 110 oben: Kloster Maulbronn – Staatliche Schlösser und Gärten Baden-Württemberg/Heimo Aga; Seite 110 unten: Katharina Pawlowna Romanowa von Friedrich August Tischbein im Ludwigsburger Schloss – Staatliche Schlösser und Gärten Baden-Württemberg/Heimo Aga

Gesamtgestaltung: Julia Graff, Hädecke Verlag

Lektorat: Monika Graff · Schlussredaktion: nvsg

Printed in EU, 2017

Produziert mit FSC®-Materialien aus kontrollierten und verantwortungsvollen Quellen.

FSC www.fsc.org MIX Papier aus verantwortungsvollen Quellen FSC® C057358